入門
介護予防ケアマネジメント
新しい総合事業対応版

〈監修〉
結城康博
服部真治

〈編著〉
総合事業・介護予防ケアマネジメント研究会

ぎょうせい

まえがき

　「総合事業は何から検討すればよいのかわからない。」と総合事業への移行を担当している市町村職員や地域包括支援センターの職員、あるいは市町村の総合事業移行を支援する都道府県職員から度々、尋ねられます。また、他の市町村の担当者から「介護事業所にヒアリングしてＡ型の単価を検討している。」「これまでの二次予防事業を継続しようと考えており、Ｃ型にするか一般介護予防事業にするか検討している。」と聞いたので、とりあえず同様の検討を始めたという話もよく耳にします。

　しかし、ガイドラインで示されたサービス類型は、既に各地域で取り組まれている介護予防や生活支援のサービスを整理した単なる典型例で、総合事業の「目的」を達成するための「手段」に過ぎません。単価を検討する前にそもそも地域にＡ型のニーズはあるのでしょうか。あるとしても基準を緩和した結果として単価が下がるのではないでしょうか。また、今、実施されている二次予防事業の効果は検証したのでしょうか。なぜ継続することにしたのですか。

　どうやら、「給付」が全国一律で画一的なサービス内容であったこと、それを「事業」に移行することで各市町村が地域の実情に応じた多様なサービスを提供できることが強調されたために、少なくともガイドラインで示された類型程度の種類のサービスはつくらなくてはならないと思われている場合が少なくないようです。しかし、総合事業は「サービスづくり」ではなく「地域づくり」であり、時間をかけて育てていくものとも強調されています。「手段」に過ぎないことが「目的」化してしまうと、何のために総合事業に取り組んでいるのかわからなくなってしまうのではないかと心配になってしまいます。

　このように、総合事業への移行については関係者の間で混乱が生じていると言わざるを得ませんが、サービスの類型は単に「手段」に過ぎないものであり、また、全国の市町村にはそれぞれ地域の実情があり、実際には他市町村のサービスをそのまま真似ることもできず、相応の時間を要することでしょう。では、全国どこの市町村でも検討しなければならない、どこの市町村でも総合事業に移行したその日から実施されることは何でしょうか。それが本書のテーマである「介護予防ケアマネジメント」です。総合事業に移行するにあたってまず検討を始めるべきこと、その一つが「介護予防ケアマネジメント」だということです。

本書は、「介護予防ケアマネジメント」について、実際に従事することになる市町村や地域包括支援センターの職員、民間のケアマネジャーによる研究会での検討成果をまとめたものです。研究会では、特に「誰が」「どこで」行っても適切なケアマネジメントが実施できること、すなわち、全てのプラン作成者が総合事業の理念を理解し、「インテーク」「アセスメント」といった技術、技能が備わることを意図しました。

　序章では、総合事業の概略について確認した上で、「地域間格差」の懸念や「基本チェックリスト」によって事業対象者の確認が行われることについて、現状はモラルハザードを誘発する恐れがあること、その対策としても質の高い「介護予防ケアマネジメント」が必要であること等、いくつかの論点を提示します。

　そして第1章では、松戸市の総合事業の実施状況を踏まえ、窓口からケアマネジメントの流れ、検討の中で必要性を確認し新たに作成した介護予防ケアマネジメントマニュアルと松戸市版アセスメントシートについて解説しています。また、第2章では総合事業における介護予防と自立支援の視点に加え、松戸市で平成27年10月から開始した通所型サービスCについて、紙幅を割いて詳しく紹介しました。ここでは、他の市町村でも参考にしていただくため、ガイドラインと松戸市の独自の工夫を比較しながら現時点での課題を含めて紹介し、どこが異なるのか、どこを工夫したのかがわかるようにしています。

　第3章、第4章は地域包括支援センターの職員が執筆にあたっています。第3章では、総合事業移行後の実例のうち4ケースを紹介します。総合事業に移行直後で多様なサービスが十分ではない状況での手探りのケースですが、総合事業の趣旨に沿った介護予防ケアプランを作成することが本人の自立支援に有効であることなど参考とすべき点は多いと思います。なお、事例の概要に関しては、個人情報に配慮して一部内容を脚色してあります。そして第4章では、地域包括支援センターの職員が移行前から現在に至るまでに感じた実践課題をまとめました。短期間で総合事業に移行した松戸市で、どのような混乱が生じたのかを率直にまとめており、これから総合事業に移行する市町村の関係者にとって、大変参考になる生の声です。

　そして、第5章は市町村実務担当者における実践課題です。この章でも第4章と同様、実務担当者の生の声をまとめました。総合事業は各市町村によって取り組みが異なりますが、共通する事務も多く、松戸市の実務担当者の実践を通じて、何を準備し、どこを注意すべきかが見えてきます。

　第6章は居宅介護支援事業所における実践課題です。地域包括支援センターか

ら介護予防ケアマネジメントを受託する立場である居宅介護支援事業所のケアマネジャーが、総合事業の趣旨に鑑み、ケアマネジメントがどうあるべきかを真摯に考えています。要支援者にとって本当に必要なサービスを確保するために行政の積極的な介入を要望するなど、移行して1年を経過し、確実に規範的統合が進んでいることもお感じいただけると思います。

　そして第7章は総合事業移行から1年が経過したところで、市町村職員の立場から現時点での課題やこれからの取り組みについてまとめています。

　最後に終章では、本書で取り上げることができなかった論点や今後の課題について書きとめました。

　総合事業では、提供されるサービスは各市町村で多種多様になりますが、「介護予防ケアマネジメント」は従来の介護予防支援と同様、地域包括支援センターあるいは委託を受けたケアマネジャーが担うものであり、基本的なケアマネジメントプロセスは全国共通です。

　したがって、本書はこれから総合事業への移行を検討する市町村職員、地域包括支援センター職員、プランを作成することになるケアマネジャー等、総合事業に関わる全ての関係者に参考にしていただけるものと考えています。また、「介護予防ケアマネジメント」はプロセスにおいて、これまでの「ケアマネジメント」と何ら変わりはなく、むしろ自立支援型のケアプラン作成、インフォーマルサービスの活用を検討する上で参考になる面が少なくありません。その意味では、本書は総合事業での「介護予防ケアマネジメント」を検討する際だけでなく、介護関係者が目指すべき「ケアマネジメント」の方向性を探る1つの示唆としても活用していただけるものです。

　「介護予防ケアマネジメント」を検討することは、総合事業の目的を再確認することであり、全ての関係者が利用者本人の自立を願う認識を持てなくては、本人の力を最大限引き出すための支援やサービスの必要性は認識されないため、本質的な意味で総合事業の新たなサービスをつくることはできず、さらには自立支援型のケアプランを作成することもできません。

　本書が、全国各地での総合事業実施に少しでも貢献することができ、そのことにより、一人一人の利用者の自立支援が適切に図られることを心から願っています。

平成28年8月

執筆者を代表して
服部真治

目 次

まえがき ……………………………………………………………………… 1

序　章　総合事業における介護予防ケアマネジメントの重要性 …… 7
1．新しい「総合事業」 ………………………………………………… 7
2．「給付」と「事業」の違い ………………………………………… 10
3．要支援者へのサービスの必要性 …………………………………… 11
4．一層のケアマネジメントの重要性 ………………………………… 13

第1章　総合事業の概要と介護予防ケアマネジメント …… 16
1．総合事業について …………………………………………………… 16
2．総合事業における介護予防ケアマネジメントの実際 ………… 19
3．松戸市版アセスメントシートの紹介 ……………………………… 36

第2章　総合事業における介護予防の視点 …… 49
1．介護予防と自立支援の考え方 ……………………………………… 49
2．通所型サービスCについて ………………………………………… 55

第3章　具体的な介護予防ケアマネジメント事例 …… 66
1．総合事業への移行により支援の考え方が変化した事例 ……… 66
2．達成できる短期目標を積み重ね、意欲を引き出していく事例 … 75
3．一人暮らし高齢者で退院後に総合事業を利用した事例 ……… 83
4．妻を亡くし閉じこもりがちな日中独居者への支援事例 ……… 91

第4章　地域包括支援センターの実践課題 …… 99
1．総合事業移行の準備 ………………………………………………… 99
2．総合事業開始直後に発生した混乱・疑問 ……………………… 101
3．ケアマネジメント実践における課題 …………………………… 104
4．居宅介護支援事業所との協力体制 ……………………………… 106

5．給付管理事務における留意点 ································· 114

第5章　市町村実務担当者の実践課題 ························· 123
　　1．総合事業への移行 ··· 123
　　2．制度移行を振り返って ··· 124
　　3．要支援者等のマネジメント ····································· 127
　　4．サービス単価と請求 ··· 128

第6章　居宅介護支援事業所における実践課題
　　　　　～民間ケアマネジャーの立場から～ ················· 133
　　1．総合事業における自立支援の考え方 ··························· 133
　　2．居宅介護支援事業所におけるケアマネジャーの課題 ········· 135
　　3．地域包括支援センターとの連携 ································· 136
　　4．今後の取り組むべき課題 ······································· 139

第7章　総合事業移行後、1年が経過して ···················· 143
　　1．質の高いケアマネジメントを実践するために ················· 143
　　2．保険者の総合調整機能の発揮 ································· 146

終　章　総合事業と介護予防ケアマネジメントの可能性
　　　　　と課題 ·· 150
　　1．総合事業の意義 ··· 150
　　2．自助・互助から検討する ······································· 151
　　3．総合事業のサービスの活用 ····································· 153
　　4．介護予防ケアマネジメントを元にサービスをつくる ········· 154
　　5．介護予防ケアマネジメントと地域ケア会議 ···················· 155
　　6．その他の課題 ·· 156

あとがき ··· 157

監修者紹介 ·· 159
執筆者一覧 ·· 159

序章 総合事業における介護予防ケアマネジメントの重要性

1. 新しい「総合事業」

（1）新しい総合事業の概要

　介護保険法の改正によって2015年4月以降、要支援者（要支援1・2）や二次予防事業対象者を対象としたサービス体系が大きく改正されました。平成24年度に創設された「総合事業（介護予防・日常生活支援総合事業）」を発展的に見直し、予防訪問介護（ヘルパー）と予防通所介護（デイサービス）、そして介護予防事業（一次予防事業、二次予防事業）を再編して、「介護予防・生活支援サービス事業」と「一般介護予防事業」から構成される「新しい総合事業」として実施することになったのです。ただし、経過措置が設けられており、市町村の判断で2017年4月までに実施すればよいことになっています。

　具体的にどのように制度が変わったかというと、ある高齢者が身体機能や認知能力の衰えを感じ、日常生活に支障が生じて、ヘルパーなどを頼んで支えてもらうとしましょう。介護保険に基づくヘルパーサービスであれば、経費の9割が保険適用され1割の自己負担で利用できます。しかし、保険から給付するには、「要介護認定」によって市町村が高齢者の心身状態などを調査し、本当に「介護」が必要か否かを見極めなければなりません。その結果、要支援1・2といった比較的「介護」の必要度が低い人と、一定程度の「介護」が必要となる要介護1～5の人（要介護者）といったランクに認定されます。

　そして、これまでは要支援者については「予防給付」、要介護者については「介護給付」を利用することになっていましたが、今回の改正で「予防給付」のうちヘルパーやデイサービスは「介護予防・生活支援サービス事業」として利用することになりました。なお、「予防訪問看護」「予防訪問リハビリ」「予防福祉用具貸与」などといったサービスは引き続き「予防給付」で実施されますので、従来通り要支援1・2という認定を受けて利用することになります。あくまでも「ヘルパー」「デイサービス」というサービスを利用するにあたり、仕組みが変更されたに過ぎません。また、要介護者が利用する「介護給付」のサービス体系は変更ありません。

さらに、介護予防事業については、これまでは認定を受けていない高齢者を「基本チェックリスト（25項目の質問シート票）」により、一次予防事業対象者と二次予防事業対象者（要支援・要介護になるおそれのある人）に区分し、特に二次予防事業対象者について介護予防教室への参加等により維持改善を目指すという体系でしたが、高齢者を区分せず地域づくりなど高齢者本人を取り巻く環境へのアプローチも含めて実施することとし、一般介護予防事業に一本化されました。

（2）介護予防・生活支援サービス事業の対象者
　介護予防・生活支援サービス事業の対象者は、要支援者と事業対象者（基本チェックリスト該当者）とされています。要支援者については、「予防訪問看護」「予防福祉用具貸与」などのサービスを利用しつつ、介護予防・生活支援サービス事業のヘルパーやデイサービスを利用する高齢者が想定されており、介護予防・生活支援サービス事業のみを利用する場合には、要介護認定を受けなくても基本チェックリストのみで迅速にサービスを利用することができます（図：序－1）。

図：序－1　新しい介護予防・日常生活支援総合事業の概要

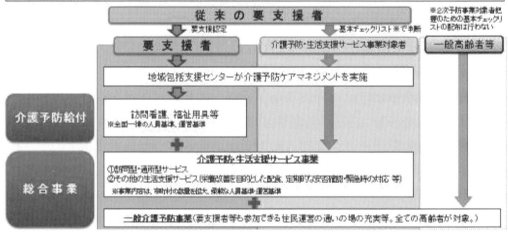

厚生労働省作成資料

既述のように、旧制度では、要支援1・2相当の高齢者がヘルパーやデイサービスを利用するには要介護認定を受けなければなりませんでしたので、介護予防に早期に取り組めるよう、サービスへのアクセスが容易になったともいえます。

（3）生活支援サービスのニーズの高まり

昨今、独居高齢者や老夫婦世帯が急増している中、「買い物」「食事作り」「見守り」などといった「生活支援サービス」のニーズが高まっています。特に、家族や地域のつながりの希薄化により、高齢者の生活を支える機能が弱体化しています。また、人口減少等により介護人材の確保も大変厳しい状況です。

そのため、これらのサービスを介護保険財源が基になっている地域支援事業（総合事業が構成されている事業）の枠組みで、一部を担っていくことになりました。このような「生活支援サービス」は、本来、介護保険給付ではなく、老人福祉や地域福祉、市場経済の枠組みで担われるべきで、社会保険制度である介護保険財源で賄うのは保険の色彩が弱いともいえるかもしれません。今回の改正によって、介護保険制度は「福祉制度」と「社会保険」の要素がさらに入り交じった制度となったといえるでしょう。

もっとも、従来の要支援1・2において、何故に「予防訪問介護」と「予防通所介護」のみを総合事業の一部に移行させ、「訪問看護」などの医療系サービスは予防給付で維持されたのかと疑問が生じるかもしれません。これは有資格者のみが行える支援かどうかの領域の問題といえるのではないでしょうか。その意味では、福祉系職種にとっては、専門職としての意義が問われているといえます。

（4）新設される基準が緩和されたサービス

要支援者の状態によって、専門資格を有したヘルパーが健康状態を観察しながら「買い物」「掃除」「洗濯」「食事作り」などに従事する必要もあるでしょう。一方で、単に足腰が悪く転倒の危険性があるため、通所型サービスで下肢筋力の強化を図りつつ、有償ボランティアによる買い物などの生活支援サービスでも対応可能というケースもあると考えられます。

そのため、旧来の「予防給付」のように専門のヘルパーが携わるサービスだけではなく、家事に精通した主婦などが主軸となり、介護の専門家でない者も生活支援サービスに携わる事業を展開させていくことで、多様な供給主体が創設されるのではないかと考えられています。

例えば、生活支援サービスにおける「買い物」「電球の取替え」「見守り」など

の一部を近隣のボランティアなどの社会資源に期待し、一定の日常的な生活支援は研修を積んだ有償ボランティアなどが担い、それ以外の支援はプロのヘルパーが受け持つイメージといえるでしょう。

ある自治体では、要支援1・2を対象とした予防訪問介護サービスを、「①従前相当の訪問介護サービス」と、「②基準を緩和した訪問介護サービス」の2種類に分類しました。「②基準を緩和した訪問介護サービス」は、①の基準を緩和して介護報酬の8割程度に単価を低く設定しています。人員に関する基準を緩和していて、①従前相当の訪問介護サービスはヘルパーの専門資格を有しなければなりませんが、②の訪問介護サービスは簡単な講習を受けた主婦でも従事できるようになっています。

つまり、素人の主婦層をヘルパーとして活用できることになり、時給にして200円程度の人件費を削減でき、その結果、介護報酬も8割程度に抑えることができるというのです。

一般主婦層をヘルパーに活用でき、介護人材の確保に併せて介護報酬の削減にもつながるのですから、今後、他の自治体でも予防通所型事業（デイサービス）も含めて、新制度の枠組みを適用した多様なサービスの展開が期待されるのではないでしょうか。

2. 「給付」と「事業」の違い

(1) 市町村である保険者に裁量権が増す

それでは、「予防給付」の「給付」と、「介護予防・生活支援サービス事業」の「事業」の違いは何でしょうか？

端的に説明すれば介護保険制度であっても、「予防給付」は国に裁量権があり、「介護予防・生活支援サービス事業」は市町村に権限が委譲されている点です。予防訪問看護や予防福祉用具貸与といったサービスは「予防給付」ですので依然として国がサービス体系を決めることになりますが、ヘルパーやデイサービスについては市町村がサービス体系を決めることができるのです。

利用者（高齢者）からすれば、「給付」であろうと「事業」であろうと、裁量権が国から市町村に移譲されたとしても、サービスを利用できればあまり関係ないでしょう。高齢者や家族からすれば、市町村がサービス量や利用料を変えなければ、大きな問題とはならないとも考えられます。

（2）地域間格差の懸念

したがって、市町村に権限が委譲されたことで、頑張る市町村とそうでない市町村とで「地域間格差」が生じる危険性があります。また、「給付」では市町村全体の給付額に総枠はありませんが、「事業」は予算に基づく市町村事業ですから総枠が設けられます。今回の財政枠組は実績額を確保しつつ、後期高齢者人口の伸び率が上限とされましたから、中長期的には現状よりも予防通所介護や予防訪問介護に関する総枠の伸び率が低くなります。

有償ボランティアなどのサービス体系を活性化させることで、既存のサービスを代替することも可能かもしれません。国（厚労省）の立場からすれば、サービス抑制を意味したのではなく、旧来のサービス体系の無駄を省く意味で制度改正に踏み切ったということでしょう。

（3）一部モラルハザードの懸念

なお、新制度に移行したことで、サービスが利用しやすくなり、かえってモラルハザードの危険性も生じています（詳細は後章で述べます）。新制度では、対象者が要支援者と事業対象者（基本チェックリストの該当者）となりましたから、虚弱高齢者から要支援2まで心身の状態像が幅広くなったからです。

例えば、従来、要支援1であった高齢者は、予防訪問介護（ヘルパー）及び予防通所介護（デイサービス）を、各週1回利用することが国の通知で促されていました。しかし、事業対象者（基本チェックリスト該当者）には要支援1・2といった区分けがないため、要支援1相当でも週2回のサービスを利用できることになります。利用者の中には、一部、家政婦代行的にヘルパーを利用している人もいないわけではありません。そのため、新制度に移行したことで、モラルハザードが生じやすくなってしまっているのです。

一方で、仕組みが複雑になり、利用者が理解できないとの声も介護事業所に寄せられています。モラルハザードの問題点に気が付き、サービスの利用を増やそうとする高齢者もいれば、全く新制度が理解できず、サービスの利用に戸惑っている高齢者もいるのが現状です。

3. 要支援者へのサービスの必要性

（1）在宅介護と生活支援

かつて筆者がケアマネジャーの仕事に就いていた経験からいえることは、「腰

をかがめての風呂やトイレ掃除」「牛乳・トイレットペーパーなど重い・かさばる買い物」は、身体機能が低下した高齢者にとって非常に負担となることでした。このような支援が週1～2回なされることで、独り暮らし高齢者や老夫婦世帯にとっては大きな生活の支えとなります。

　また、デイサービスとは自宅近くまで送迎バスが来てくれて、日帰りで施設に行き「昼食」「入浴」「体操による機能維持」「高齢者同士のレクリエーション」などが行われるサービスです。自宅に居るだけでは心身ともに衰えてしまうことから、日帰りでも施設へ出かけメリハリのある生活リズムを維持していくことも目的とされています。

　特に、独り暮らし高齢者は、食生活のバランス維持や体操・リハビリといった介護予防に心掛けることで、在宅生活が長く続けられるメリットがあります。その意味では、デイサービスが持つ機能は在宅介護生活を維持していく上で効果的です。

(2) 見守りも付加される生活支援サービス

　独り暮らし高齢者が介護サービスを活用するケースが多くなっていますが、従事しているヘルパーさんに話を聞くと、時々、「孤独死（孤立死）」のケースに遭遇してしまった話をされます。毎週2日、訪問介護（ヘルパー）サービスを提供していますが、約束の時間に訪ね、チャイムを鳴らしても応答がありません。

　昼寝をしているか？もしくは出かけているのかもしれないと思いつつ、もしかして、部屋の中で倒れているかと、最悪のことを考えてしまうのがヘルパーです。

　このような場面を経験したヘルパーの多くは、高齢者側の「うっかりミス」といった笑い話で終わります。しかし、稀にヘルパーが心配になって大家さんに鍵を開けてもらうと、部屋の中で倒れて高齢者が亡くなっており、第一発見者となるヘルパーもいます。

　このように、自宅で誰にも看取られずに、数日間その死が発見されない「孤独死（孤立死）」が増えていますが、ヘルパーなどの支援が定期的に利用されていると、不運にも亡くなったとしても、その遺体を早期に発見できます。もしくは、体調を崩した人を病院へ搬送することも可能であり、日常の生活支援サービスは「見守り機能」も付加されています。

4. 一層のケアマネジメントの重要性

（1）自立支援の考え方

例えば、独居の高齢者を想定してみましょう。「身体機能状況」としては杖歩行であるため、荷物を持つことができず買物に行くことが難しいとします。「自立」して生活したいと望んでいるが食材を手に入れることができず、「精神的心理状況」としてマイナスになりがちです。

これらは「社会環境状況」からみると、誰も援助してくれる人がいないことが要因として考えられます。このような場合、本人は単に買物に行くことができないため困っていますが、ケアマネジャーはバランスのとれた食生活や閉じこもりの問題に焦点をあてるでしょう。

当初、本人は「買物」だけを依頼するヘルパーサービスを望むかもしれません。それに対しケアマネジャーは、外出によって身体機能の向上が期待されることや、食材を自分で選んで自炊する意義について説明します。そして、単にヘルパーが買物を代行する援助ではなく、ヘルパーと一緒に買物へ出かけてみることを勧めるでしょう。このような考え方が、「自立」支援に基づくケアであり、決してサービスを削減して自分で誰にも頼らず生活していくという意味ではありません。いわば「自立」支援は、高齢者本人の意欲を引き出すことが重要なポイントとなります。そのためには、的確な「インテーク」「アセスメント」「ケアマネジメント」といった技術・技能を関係者はしっかりと身に付けなければならないのです。

（2）ケアマネジメントの機能

特に、利用者の生活ニーズを的確に把握することが「アセスメント」であり、ケアマネジメントの展開において重要な出発点となります。真に生活ニーズを把握できなければ、後の「目標の設定」「ケア計画の実践」「モニタリングと評価」などにはつながっていきません。

ただし、利用者の生活ニーズを的確に把握することは難しいものです。基本的に生活ニーズは、「ノーマティブ（normative：規範的）ニーズ」と「フェルト（felt：体感的）ニーズ」に分類できます。

「ノーマティブニーズ」とは専門家（ケアマネジャー等）から見たニーズであり、「フェルトニーズ」とは利用者が感じるニーズです。そして、これら二つのニーズが調和され、リアル（real：真の）ニーズが導き出されることが望ましいのです。この論理は白澤政和氏らが提唱した「星座理論」と呼ばれています。

通常、初期段階でこれらの2つのニーズは一致しませんが、「身体的機能状況」「精神的心理状況」「社会的環境状況」を考慮しながら徐々に調和されていきます。その意味でも、ケアマネジャーはこれらのニーズの一致点を探ることが大切で、今回の制度改正においても重要なポイントとなります。

（3）揺れるケアマネジメント

　なお、保険内サービスと保険外サービスの組み合わせ、いわゆる「混合介護」に一定のルールを設ける必要性などについて、今後の検討が重要となるでしょう。

　例えば、サービス付き高齢者住宅（サ高住）における不適切な事例として、法律上、禁止されているわけではありませんが、オーナーが賃貸契約を結び、併せて入居者に介護保険内外のサービスを提供する場合があります。利用者にとって必要かつ効率的なサービス提供であれば問題ありませんが、判断能力が乏しい入居者を集めて必要ないサービスまで提供するケースが起こっています。今回の介護保険制度の改正では、サ高住が「住所地特例」の適用対象に加わることで、むしろ「過度な供給が需要を生む」といった流れに拍車がかかることも懸念されています。

　その意味で、的確な「ケアマネジメント」「サービス調整」を担保する仕組みが重要で、介護事業者も「利潤追求主義」に陥らないよう、あくまでも適正な利潤を考慮に入れながら事業展開していく必要があります。

　介護保険サービスは「準市場」であり「完全市場」ではないため、競争原理が働かず無駄な給付費を生じさせる危険性もはらんでいます。これまで以上に介護事業者の倫理観が問われるといえるでしょう。

　なお、参考までに日本の「ケアマネジメント」は、大きく3つのタイプに分類されると考えられます。「①ソーシャルワーク的側面（利用者指向モデル）」「②供給管理を含めたシステム（システム指向モデル）」「③サービス優先プラン」です（図：序−2を参照）。

　無論、目指すべき姿としては①ですが、給付抑制を目指すインセンティブが強い②、介護事業所の利益追求もしくは利用者の「自立」意識が欠如した③に陥りやすく、三者の綱引きが繰り広げられています。

（4）市町村の力量が焦点

　いずれにしても、今回の改正で大きな役割が課せられるのが、市町村（保険者）であるといえます。

図：序－2　日本のケアマネジメントシステムのイメージ

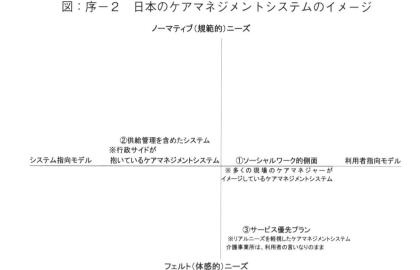

　そして、「地域ケア会議」も法制化され、さらに市町村の「地域づくり」に差が生じるでしょう。その意味で、市町村はそれに沿って業務を着実に遂行できるかが焦点であり、その動向について注視が必要です。

参考文献

- 厚労省『介護保険最新情報Vol.513』「地域包括支援センターの設置運営について」の一部改正について」2016年1月19日
- 厚労省『介護保険最新情報Vol.484』「介護予防・日常生活支援総合事業における介護予防ケアマネジメント（第1号介護予防支援事業）の実施及び介護予防手帳の活用について」2015年6月5日
- 厚労省（老発0605第5号）『介護予防・日常生活支援総合事業のガイドラインについて』2015年6月5日
- 厚労省『介護保険最新情報Vol.427』「平成27年4月の新しい総合事業等改正介護保険法施行に係る事業所指定事務等の取扱いについて」2015年2月24日
- 厚労省『介護保険最新情報Vol.382』「介護予防・日常生活支援総合事業及び地域密着型通所介護に係る経過措置について」2015年1月9日

第1章 総合事業の概要と介護予防ケアマネジメント

1. 総合事業について

（1）介護予防・日常生活支援総合事業

　今般の制度改正で導入された介護予防・日常生活支援総合事業（以下「総合事業」という）は、介護保険制度において介護給付・予防給付以外の部分を担う地域支援事業の中核をなすものです（図1－1）。

　総合事業は、介護予防・生活支援サービス事業と一般介護予防事業に区分され、保険者（市町村）は地域の特性に応じ、包括的支援事業で機能強化し、任意事業で効率性を保ちつつ、利用者、住民、地域や関係者と共に必要なサービスや支援等を創設していく必要があります。

図1－1　介護保険サービス

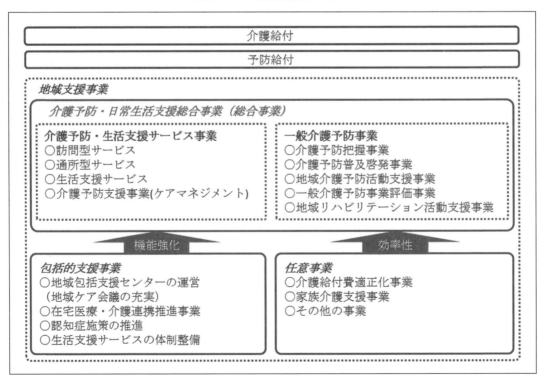

出典：松戸市介護予防ケアマネジメントマニュアルを一部改変

介護予防・生活支援サービス事業は、対象者の範囲が要支援者から事業対象者（従来の二次予防対象者）と広く、予防給付の訪問介護と通所介護が移行されることにより、どのようにサービス体系を構築し、提供していくか戸惑うところです。なお、要支援者の中には予防給付と同様のサービスが必要な方もいること、サービスの継続性の観点から、同等のサービスがあること自体は問題ではありません。

また、国の示した類型に沿って新たなサービスを創設しなければならないと義務感に駆られたかもしれませんが（表1－1）、制度改正の趣旨はこれまでのように全国一律のサービスを実施するものではありません。地域の特性に応じて必要なサービスを構築することが重要です。

今後、対象となり得る高齢者が増加することにより、地域社会で支えるべき人が増加します。一方、それを支える専門職である介護職が増えることはあまり期待できません。

そこで、介護職が増えない中で、どのように供給量を確保するか検討する必要があります。専門的な人材を集約し、より質の高いものへレベルアップするとともに、新たな役割を担う人材を確保していく必要があります。

表1－1の類型は、それぞれのサービス・支援の役割と担い手から考える必要があります。従前相当と短期集中予防Cは専門職が担いますが、緩和A、住民主体B、移動支援Dは専門職以外の方々が担っていかなければ対応できないのではないかと思われます。新たな担い手としては、日常生活の延長線上にある生活支援について一定の研修を受けた方が実施することとすれば、地域の方々、特に高齢者の活躍する場と機会としてとらえることにより、全体の質・量を確保してい

表1－1　総合事業のサービス体系

国の類型	内容
従前相当	介護予防給付と同等
緩和A	人員、資格などの基準を緩和して担い手を広げる
住民主体B	より身近な場所で、気心の知れた方々と一緒に過ごせるような住民自身の活動として定着化する
短期集中予防C	残存機能の維持・改善を進め、自立期間の延伸を図る
移動支援D	（住民主体B）に準ずる

筆者作成による

くことになると考えられます。
　次に、一般介護予防事業ですが、この事業の対象者は全ての高齢者で、この事業の着実な実施により、より健康寿命を延伸し、将来の対象者を抑制することができます。事業内容としては、リハビリテーションを効果的に活用しながら、地域での住民主体の予防活動を支援していく、そのような活動を広く普及するとともに、介護予防が必要な高齢者を把握し、適正な評価を行い、ブラッシュアップを繰り返し行っていくものです。

（2）介護予防ケアマネジメントの重要性

　これから総合事業を推進するにあたり、他保険者（他市町村）から情報を得ることも必要と思いますが、その前に今後の方向性を含めた事業の目的を明確化しなければ、単なる模倣になってしまいます。あくまで、他保険者の事例は、好事例は参考に、その他は教訓にしかなりません。特に、サービスの内容や単価などが気になりますが、地域の特性が異なる中、同様である訳がありません。新たなサービスを安易に構築することにより、これまで地域を支えてきた既存事業者や住民活動を淘汰してしまう恐れもあり、外を見るのではなく、まず内を見るべきだと思います。また、総合事業は、単一事業からなるものではなく、地域の実情に応じて介護予防・生活支援サービス事業と一般介護予防事業を総合的に組み合わせ、効果的・効率的に行うものです。
　さらに、総合事業の最重要課題は、介護予防ケアマネジメントだと考えています。どのような視点で「自立支援」をとらえるかにより、サービス構築の方向にも差異が生じるからです。国の新たな政策である「介護離職ゼロ」を目指すのであれば、従前からの利用者の視点に加え、家族の視点が必要になります。さらに、地域全体の「自立支援」を考えず、全て介護保険制度で対応しようとするならば、住民の負担に跳ね返ります。
　前述のような需給バランスの中で、どのように地域で対応していくかを考える場合、単に介護保険のフォーマルサービスに留まることなく、様々なサービス・支援を組み合わせ、その個人だけでなく、地域全体が安定・継続的に対応できるような最適な状況を構築していく必要があります。地域にあるサービス・支援が顕在化されていないうちは未整備のように見えますが、実際には多くの草の根の活動があるはずです。
　なお、今後の方向性、事業の目標は、従前のように行政だけで決めるのではなく、地域とともに考え、つくっていかなければなりません。そこから始めなけれ

2. 総合事業における介護予防ケアマネジメントの実際

ば、結局は、安心して暮らしていける地域になることは難しいと思われます。

2. 総合事業における介護予防ケアマネジメントの実際

（1）介護予防ケアマネジメントマニュアルの必要性

筆者が勤務する市においては、地域包括支援センターの職員並びに民間のケアマネジャーが共通の認識のもとに介護予防支援を行うために、『介護予防マニュアル改訂版（介護予防マニュアル改訂委員会2012年3月）』に基づいた、「介護予防支援業務に関する手順書」を作成してきました。

しかしながら、旧2次予防事業対象者を対象とした介護予防ケアマネジメントと、要支援1・2の認定者を対象とした介護予防支援の両方を経験してきた職員は少なく、共通のアセスメントシートもない状況がありました。

総合事業の実施にあたっては、制度改正の内容や厚生労働省が示した『介護予防・日常生活支援総合事業のガイドラインについて（老発0605第5号2015年6月5日）』、市の実施体制や介護予防ケアマネジメントに関する留意点等に関して、市職員、地域包括支援センターの職員、委託居宅介護支援事業所のケアマネジャーの共通理解が必要であることから、新たな指針となるマニュアルを作成することになりました。

マニュアルの作成にあたっては、市の職員（市の適正化担当職員を含む）の他、各地域包括支援センター、居宅介護支援事業所、訪問介護や通所介護の介護サービス事業者代表が参加する「介護予防ケアマネジメントマニュアル作成検討会」を立ち上げ、検討してきました。以下に、検討会での意見や「松戸市介護予防ケアマネジメントマニュアル」で整理した内容等について紹介します。

（2）相談からサービス利用までの流れ

総合事業においては、市役所や地域包括支援センターの高齢者の困り事相談窓口などで、総合事業の対象要件に該当するか、要介護認定につなぐ対象者であるかなどを見極める必要がありますので、インテーク相談が重要です（図1-2）。

また、総合事業の対象となった人が各種サービスを利用する場合は、地域包括支援センター（一部居宅介護支援事業者）の介護予防ケアマネジメントを通じて適切なサービスを選択することになるため、介護予防ケアマネジメントの質をどこまで高められるかが、総合事業自体の成否の鍵を握るといっても過言ではありません。

図1−2 相談からサービス利用までの流れ

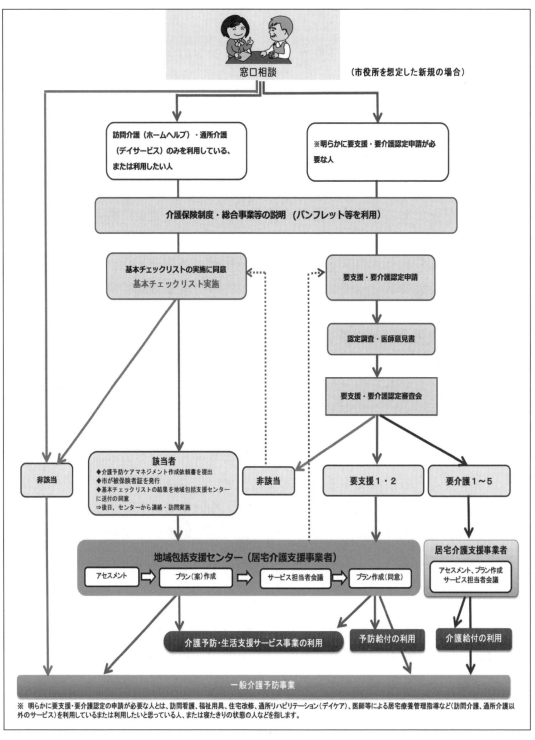

出典：松戸市介護予防ケアマネジメントマニュアルより

2．総合事業における介護予防ケアマネジメントの実際

（3）事業対象者の要件

　事業対象者とは、65歳以上の方で、心身の状況、その置かれている環境、その他の状況から要支援（要介護）状態となることを予防するための援助の必要があると評価された人です。

　その評価には、厚生労働省が定めた25の質問項目で構成され、「はい」「いいえ」で答えていただく「基本チェックリスト（表1－2）」を用い、下記の①から⑦のいずれかの基準に該当した場合に事業対象者となります。

　また、介護予防訪問介護と介護予防通所介護のみを利用している要支援1・2の認定者については、基本チェックリストを実施した結果、基準のいずれかに該当すれば、要支援更新認定を受けることなく事業対象者としてサービスの利用を継続することができます。

　さらに、要支援認定を受け非該当となった場合でも、基本チェックリストの結果で事業対象者になります。

```
◆事業対象者に該当する基準
  ①No.1～20までの20項目のうち10項目以上に該当
      複数の項目に支障がある場合
  ②No.6～10までの5項目のうち3項目以上に該当
      運動機能の低下
  ③No.11～12の2項目のすべてに該当
      低栄養状態
  ④No.13～15までの3項目のうち2項目以上に該当
      口腔機能の低下
  ⑤No.16～17の2項目のうちNo.16に該当
      閉じこもり
  ⑥No.18～20までの3項目のうちいずれか1項目以上に該当
      認知機能の低下
  ⑦No.21～25までの5項目のうち2項目以上に該当
      うつ病の可能性
```

（4）相談から介護予防ケアマネジメントまでの流れ

　総合事業における介護予防ケアマネジメントは、介護予防支援と同様、地域包括支援センター職員が総合事業対象者等にアセスメント（課題分析）を行い、本人の意向を踏まえつつ自立した生活が送れるようケアプランを作成します。図1－3は、相談から介護予防ケアマネジメントまでの流れの概要を示したものです。

表1-2 基本チェックリストと事業対象者に該当する基準

No	質問項目	回答（いずれかに〇をお付け下さい）		事業対象者に該当する基準	
1	バスや電車で1人で外出していますか	0. はい	1. いいえ		① 複数の項目に支障 10項目以上に該当
2	日用品の買物をしていますか	0. はい	1. いいえ		
3	預貯金の出し入れをしていますか	0. はい	1. いいえ		
4	友人の家を訪ねていますか	0. はい	1. いいえ		
5	家族や友人の相談にのっていますか	0. はい	1. いいえ		
6	階段を手すりや壁をつたわらずに昇っていますか	0. はい	1. いいえ	② 運動機能の低下 3項目以上に該当	
7	椅子に座った状態からなにもつかまらずに立ち上がっていますか	0. はい	1. いいえ		
8	15分位続けて歩いていますか	0. はい	1. いいえ		
9	この1年間に転んだことがありますか	1. はい	0. いいえ		
10	転倒に対する不安は大きいですか	1. はい	0. いいえ		
11	6ヵ月間で2～3kg以上の体重減少がありましたか	1. はい	0. いいえ	③ 低栄養状態 2項目に該当	
12	身長　　cm　体重　　kg　（BMI　　）（注）				
13	半年前に比べて固いものが食べにくくなりましたか	1. はい	0. いいえ	④ 口腔機能の低下 2項目以上に該当	
14	お茶や汁物等でむせることがありますか	1. はい	0. いいえ		
15	口の渇きが気になりますか	1. はい	0. いいえ		
16	週に1回以上は外出していますか	0. はい	1. いいえ	⑤ 閉じこもり NO16に該当	
17	昨年と比べて外出の回数が減っていますか	1. はい	0. いいえ		
18	周りの人から「いつも同じ事を聞く」などの物忘れがあると言われますか	1. はい	0. いいえ	⑥ 認知機能の低下 1項目以上に該当	
19	自分で電話番号を調べて、電話をかけることをしていますか	0. はい	1. いいえ		
20	今日が何月何日かわからない時がありますか	1. はい	0. いいえ		
21	（ここ2週間）毎日の生活に充実感がない	1. はい	0. いいえ	⑦ うつ病の可能性 2項目以上に該当	
22	（ここ2週間）これまで楽しんでやれていたことが楽しめなくなった	1. はい	0. いいえ		
23	（ここ2週間）以前は楽にできていたことが今ではおっくうに感じられる	1. はい	0. いいえ		
24	（ここ2週間）自分が役に立つ人間だと思えない	1. はい	0. いいえ		
25	（ここ2週間）わけもなく疲れたような感じがする	1. はい	0. いいえ		

（注）BMI＝体重(kg)÷身長(m)÷身長(m)が18.5未満の場合に該当とする。

『介護予防マニュアル改訂版（2012年3月）』に基づき筆者作成

2．総合事業における介護予防ケアマネジメントの実際

図1－3　相談から介護予防ケアマネジメントまでの流れ

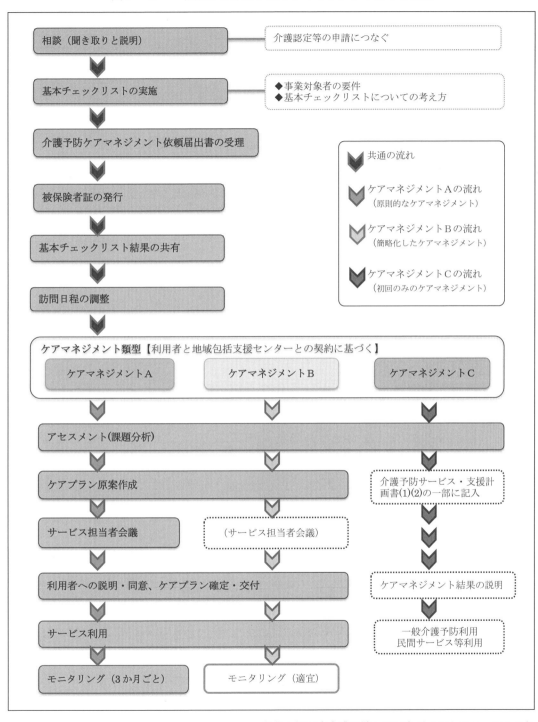

出典：松戸市介護予防ケアマネジメントマニュアルより

ア 相談（聞き取りと説明）
　① 聞き取り
　　高齢者（被保険者）等の生活の困りごと等の相談は、市役所内の高齢者総合相談窓口または、地域包括支援センターで相談に来た目的や利用を希望するサービス等を聴き取ります。
　　原則として、被保険者本人が直接窓口に出向いて相談しますが、本人が来所できない場合は、電話や家族の来所による相談に基づき、本人の状況や相談の目的等を聴き取ります。
　　本人が来所できない場合の例としては、「入院中である」、「相談窓口が遠い」、「外出に支障がある」等が想定されます。
　② 説明
　　相談の目的や希望するサービス等を聴き取り、総合事業の趣旨や具体的なサービスについての概要、手続きの流れを説明します。
　　説明する際は、専門用語の使用はできるだけ避け、十分に説明し理解を得るよう配慮が必要です。

　◆ **総合事業についての説明**
　　・地域包括支援センターが行う介護予防ケアマネジメントに基づいてサービスが利用できること。
　　・自立支援に向けたサービスを利用することで、自分でできることや自分でできる期間を延ばしたり、今より重症化しないようにする事業であること。
　　・本人が目標を立て、その達成に向けてサービスを利用すること。また、達成後は、さらなる自立へ向け、目標を見直していくこと。
　　・総合事業のサービスのみ利用する場合は、要介護認定等を省略し、基本チェックリストを実施して基準に該当した場合は、事業対象者として、迅速なサービスの利用が可能であること。
　　・事業対象者と特定された後や、総合事業によるサービスを利用し始めた後も、必要な時は要介護認定等の申請が可能であること。
　　・総合事業は、みなし指定事業者であれば、住所地以外の事業者でも利用可能であること。

　◆ **要介護認定等の申請につなぐ場合**
　　・明らかに要介護認定が必要な場合や予防給付（介護予防訪問看護、介護予防福祉用具貸与等）によるサービスを希望している場合等は、要介護

2．総合事業における介護予防ケアマネジメントの実際

認定等の申請手続につなぎます。
・介護予防のための住民主体の通いの場など、一般介護予防事業の利用のみを希望する場合は、それらのサービスにつなぎます。

相談窓口に来所した人が、新規相談者、要介護認定等認定者で更新者または第2号被保険者かなどの区分別に、基本チェックリストの実施対象者にあたるか要介護認定等認定申請書の提出が必要な対象者にあたるかの判別を表1-3に整理しました。

イ 基本チェックリストの活用・実施
① 本人等が記入
基本チェックリストは、質問項目の趣旨を説明しながら、本人等に記入してもらいます。
基本チェックリストの実施日が、事業対象者に該当する基準日になるため、記入年月日は必ず記入します。
基本チェックリストの実施については、介護予防ケアマネジメントの過程

表1-3 基本チェックリストの実施対象者と要介護（支援）認定申請書提出対象者

区　分		基本チェックリストの実施 ◆訪問介護、通所介護のみのサービスを利用したい人	要介護（支援）認定申請書の提出 ◆訪問介護、通所介護以外のサービスを利用したい人 ◆寝たきりの状態など、常に介護が必要な人
新　規　＊		○	×
		×	○
更新	要介護認定者	全て認定申請	
	要支援認定者　＊	○	×
		×	○
区分変更	要介護→要介護 要支援→要介護	全て認定申請	
	要介護→要支援 要支援→要支援　＊	○	×
		×	○
第2号被保険者		全て認定申請	
転　入　者		上記の取り扱いに準じる	

＊基本チェックリストの活用・実施により、要介護認定等の申請が必要とされた場合は、認定申請を受け付ける。

出典：松戸市介護予防ケアマネジメントマニュアルを一部改変

で確認する等、適切に対応することを前提に必ずしも専門職である必要はなく、例えば事務職でも可能です。

② 家族等の来所による相談の場合

本人や家族が行った基本チェックリストに基づき、地域包括支援センター職員等は、訪問して実施する介護予防ケアマネジメントのプロセスの中で、本人の状況を確認するとともに、事業の説明等を行い、適切なサービスの利用につなげます。

③ 居宅介護支援事業所等からの代行の場合

代行による基本チェックリストの提出も可能となっていますが、本人が来所できない場合（家族等の来所）と同様の扱いとします。

ウ 基本チェックリストの再実施

本人の状態変化に応じて一般介護予防事業へ移行した後や、一定期間、総合事業の利用がなかった後に、改めてサービス利用の希望があった場合は、必要に応じて再度、基本チェックリストを行います（※介護保険法施行規則第140条の62の4第2号）。

要介護認定等の申請が必要と判断した場合は、認定申請を受け付けます。また、事業対象者として介護予防ケアマネジメントを行っている中で要介護認定等の申請を行う場合もあります。

エ 介護予防ケアマネジメント依頼届出書の受理

担当地区の地域包括支援センターによる介護予防ケアマネジメントを受けることについて確認し、「介護予防ケアマネジメント依頼届出書」に記入してもらいます。

介護予防ケアマネジメントの依頼届出書は、基本的に利用者から市に提出しますが、本人の代理として家族や地域包括支援センター等から提出することもできます。代理で提出する場合は、委任状は必要なく、利用者本人が自書の上、家族や地域包括支援センター等が市に提出することが可能です（表1－4）。

オ 被保険者証を発行

市（保険者）は、「介護予防ケアマネジメント依頼届出書」の受理後、受給者台帳に登録し、被保険者証を発行します（図1－4）。

松戸市では、事業対象者に発行する被保険者証は、要介護等認定者に交付するものと同様の様式を使用しています。

・要介護状態区分等の欄には、「事業対象者」と記載します。

・認定年月日の欄には、「基本チェックリストの実施日」を記載します。

2．総合事業における介護予防ケアマネジメントの実際

表1－4　介護予防ケアマネジメント依頼書の届出有無

区分	居宅サービス計画作成依頼届出書	介護予防サービス計画作成依頼届出書	介護予防ケアマネジメント依頼届出書
介護給付から予防給付に移行の場合	×	○	×
介護給付から総合事業に移行する場合	×	×	○
予防給付から総合事業に移行する場合	×	×	×（※1）
要支援者から基本チェックリストによる事業対象者に移行する場合	×	×	○
市役所の窓口で届出を受理後地域包括支援センターから委託居宅介護支援事業書へケアマネジメントを委託した場合	×	×	○

※1　届出書の提出は省略することができるとなっており、当市では提出不要として取り扱うこととする
出典：松戸市介護予防ケアマネジメントマニュアルより

・認定の有効期間欄に、期間を記載します。要介護等認定とは異なり、事業対象者には法令上、有効期間の規定はありませんが、松戸市は有効期間を2年間と定めています。

カ　基本チェックリスト結果の共有

① 市から地域包括支援センターへの送付

　市窓口で基本チェックリストを実施した場合には、基本チェックリストの結果並びに介護予防ケアマネジメント依頼届出書を地域包括支援センターに送付し共有します。

　一般介護予防事業のみを利用する場合は、地域包括支援センターへの書類送付は不要ですが、利用者の状況に応じ同意を得た上で送付し、地域包括支援センターと共有することも想定されます。

② 地域包括支援センターから市への送付

　地域包括支援センターで基本チェックリストを実施した場合は、地域包括支援センターより「介護予防ケアマネジメント依頼届出書」を市に届け出ます。

　被保険者証については、市が「介護予防ケアマネジメント依頼届出書」を受理後に発行し利用者に郵送します。

図1-4　介護保険被保険者証への記載例（松戸市）

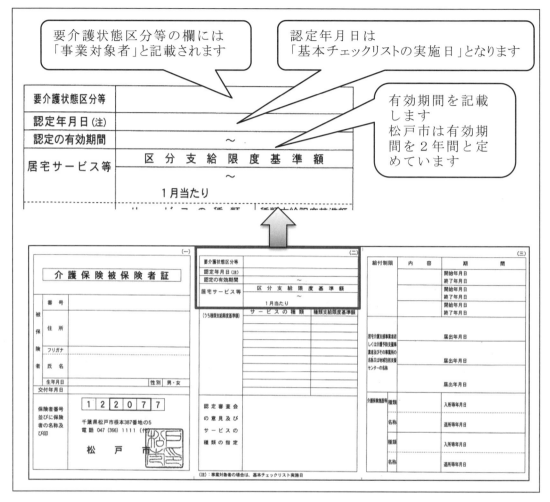

筆者作成による

（5）介護予防ケアマネジメントの実施

　総合事業におけるアセスメントは、旧二次予防事業対象者までの幅広い状態像の方が事業対象者という新しい枠組みでくくられたため、その幅広い状態像の方に対して、本人の興味、関心を踏まえた目標設定や本人の意欲や力を活かすため、どのような「サービス」や「地域での活動」を、どのくらいの頻度で利用することが「身体機能」や「生活の質」の改善につながるのか、これまで以上に自立支援を志向したケアマネジメントを実施することが求められます（図1-5）。

　また、介護予防ケアマネジメントは、利用者と地域包括支援センターが締結する契約に基づいて行われます。

2．総合事業における介護予防ケアマネジメントの実際

図1－5

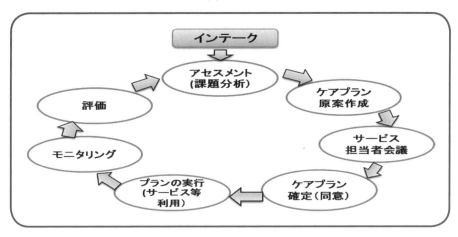

出典：松戸市介護予防ケアマネジメントマニュアルより

ア 介護予防ケアマネジメントの類型

介護予防ケアマネジメントのプロセスについては、利用者の状態や、基本チェックリストの結果、本人の希望するサービス等を踏まえて、以下の3パターンのいずれかで行います。

① 原則的な介護予防ケアマネジメント（ケアマネジメントA）

従前相当の介護予防訪問サービス、従前相当の介護予防通所介護サービス、通所型サービス（短期集中予防サービス）を利用する場合は、現行の予防給付に対する介護予防ケアマネジメントと同様のプロセスを実施します。

◆ プロセス
 a アセスメント（課題分析）
 b ケアプラン原案作成
 c サービス担当者会議
 d 利用者への説明・同意
 e ケアプラン確定・交付（利用者提供者）
 f プランの実行（サービス利用）
 g モニタリング（モニタリングはおおむね3か月ごとに実施）

② 簡略化した介護予防ケアマネジメント（ケアマネジメントB）

状態が安定していると判断される場合には、サービス担当者会議を省略しケアプランを作成することができます。モニタリングは、アセスメントの結果により必要に応じて設定します。

③ 初回のみの介護予防ケアマネジメント（ケアマネジメントC）

　一般介護予防事業、民間や住民主体のサービスのみを利用する場合は、初回のみ、簡略化した介護予防ケアマネジメントを実施します。ケアプランは作成しませんが、介護予防サービス・支援計画書（１）（２）には、アセスメントに基づく下記ａの項目について記載します。

a　アセスメント（課題分析）

　「利用者自身の状況」、「本人の生活の目標」、「維持・改善すべき課題」、「その課題の解決への具体策」、「目標を達成するための取り組み」等を確認します。

b　サービス提供者との共有

　利用者の状況に変化があった際に、適宜サービス提供者等から地域包括支援センターに連絡する体制をつくっておくよう心がける必要があります。

　そのためにも、ケアマネジメントの結果を利用者に説明するのはもちろんのことですが、利用者の同意を得てサービス提供者とケアマネジメントの結果を共有しておくようにします。

　共有の方法としては、事業者に送付する方法や利用者本人に持参してもらう方法等が想定されます。

c　ケアマネジメント費の支払

　ケアマネジメントの結果、一般介護予防事業や民間のサービスのみの利用となり、その後のモニタリング等を行わない場合についても、アセスメント等のプロセスに対してケアマネジメント開始月分のみ、ケアマネジメント費が支払われます。

イ　介護予防ケアマネジメントにかかる様式

　介護予防ケアマネジメントを行う職員は、ベテランの地域包括支援センター職員から、初めて介護予防ケアマネジメントを行うケアマネジャーまで業務経験や力量に相当の差があるのが実態であり、そのことで利用者に不利益が生じないよう、中立性、公平性を担保し、質も確保するための対策が必要です。

　特に、自立支援の観点からアセスメントの結果をどう評価し、サービスにつなげるかが重要となりますので、新たに共通のアセスメントシートを作成しました。

　その他、使用する様式については、地域包括支援センター並びに市内の委託居宅介護事業者が、共通のシステムを活用して情報を共有しているため、従来

から使用している様式を継続使用することを基本としました。
① 基本情報（Ⅰ）（Ⅱ）
② 松戸市版アセスメントシート
　　アセスメント（課題分析）の際に活用するものとして作成した。
③ 松戸市版　運動器機能向上等プログラム参加に係るチェックシート
　　事業対象者は、「医師意見書」による医療情報が得られなくなるため、特に運動器の機能向上等身体に負荷が加わる可能性があるプログラムに参加する場合に活用します。
④ 基本チェックリスト
⑤ 介護予防サービス・支援計画書（1）（2）
⑥ 介護予防支援経過記録
⑦ 介護予防支援・サービス評価表
⑧ 給付管理票（国より示される）
⑨ 介護予防支援介護給付費明細書（国より示される）

(6) 訪問からモニタリング・評価の実際
ア　訪問

　　事業対象者について、介護予防ケアマネジメントを行うための訪問日時を調整します。地域包括支援センターに来所した場合においても、訪問によるアセスメントを行います。

　　訪問することで、本人の身体的状況や低下している生活機能のみならず、住宅環境、家族が同居している場合は家族間の関係性、自宅で日常生活を送る上で具体的に困っていることなどを直接見聞きすることができます。

　　事前に情報を得た場合においても先入観を持たないようにします。声のトーンや会話の速度、会話時の目線、表情など様々な角度から利用者を見ることで性格の一部を知ることもでき、信頼関係を築く一助になる場合もあります。

　　また、自宅内の空気感や臭いなども重要な情報であり、五感をフルに活用し情報を得る余裕を持ちたいものです。

　　しかし、初回訪問では、個人差があるにしても利用者も緊張していますので、まずは、利用者や家族の訴えに耳を傾けるように心がけるとともに、一度の面接で完璧に情報を得ようとし過ぎないことが重要です（図1－6）。
① 訪問時に持参する書類等
　　限られた訪問時間を有効にまた効率的に活用し、利用者を取り巻く様々な

図1-6 訪問の意義・重要性、訪問時の心構え・留意点等

```
┌─────────────────────────────────────────────────────────┐
│         訪問の意義・重要性，訪問時の心構え，留意点等         │
│                                                         │
│  ☆五感をフルに活用                                        │
│        ・臭い、空気のよどみなど、適切な住環境になっているか   │
│        ・玄関・庭も含めて、汚れの具合・家屋がメンテナンス     │
│         されているか                                     │
│        ・何のために、なぜその質問をするのかが、わかるように聞く│
│                                                         │
│  ☆ほめる                                                 │
│     玄関に入ったら→きれいですね等、努力していることをほめる  │
│     本人の趣味・興味のあると思われるもの                   │
│      (庭木・書・人形・手芸作品・本・絵・写真)                │
│        →話しやすい雰囲気をつくり本人の情報を収集する        │
│        →家族写真などからは、家族の介護力などを確認しやすい   │
│                                                         │
│  ☆状況の確認                                              │
│     「どんなものを召し上がっているか心配なので」→  信頼関係を構築し、同意を │
│         同じものをいくつも買い置きしていないか   得て冷蔵庫の中を確認で  │
│         適正なものが入っているか              きる場合あり       │
│         作り置きがあるか                                 │
│     「手すりなど必要なところを確認しましょう」→居室以外の台所、洗面所、浴室等│
│                                     も見せてもらう        │
│         →清潔に保たれているか、整理できているか             │
│         ▽オムツを使用しているなど介護度が高い人がいるのに、室内があま│
│          りにもきれいで緊張感のある雰囲気は危険な香りと察知する  │
│         →介護に手がかかるはずなのに                       │
│         →介護放棄ではないか？虐待されていないか？等も考える   │
│                                                         │
│                    出典：松戸市介護予防ケアマネジメントマニュアルより │
└─────────────────────────────────────────────────────────┘
```

状況を把握するとともに必要な申請手続きを円滑に実施するためには、書類の不足等がないよう事前に確認し取りそろえておく必要があります（図1-7）。

　初回訪問時に、虐待を受けていることが発見されることも想定されますので、状況に応じては記録用のデジタルカメラ等を準備することもあります。

イ　アセスメント（課題分析）

　以下によるアセスメントの流れは、厚労省『介護予防・日常生活支援総合事

2．総合事業における介護予防ケアマネジメントの実際

図1-7　訪問時の七つ道具の例

```
訪問時の七つ道具(例)

1  身分証（介護支援専門員証など）

2  説明用パンフレット
   □やさしい介護保険          □こんにちは地域包括支援センター
   □ながいき手帳             □まつど医療機関マップ
   □ハートページ（介護サービス事業者ガイドブック）　　など

3  サービス利用に係る各種様式
   □基本チェックリスト         □介護保険要介護認定申請書
   □介護予防サービス計画作成・介護予防ケアマネジメント依頼(変更)届出書　など

4  介護予防ケアマネジメント様式一式
   □利用者基本情報           □松戸市版アセスメントシート
   □介護予防サービス支援計画書
   □松戸市版　運動器機能向上等プログラム参加に係るチェックシート　など

5  介護保険サービス・介護保険以外のサービスの利用調整に係る資料
   □介護保険以外の相談受付マニュアル
   □松戸市在宅高齢者向け保健・福祉サービス一覧
     （各種サービス利用の申請書など）

6  ノート、筆記用具（朱肉・電卓など）

7  その他必要に応じて
   ・デジタルカメラ（データの管理には要注意！！）

                    出典：松戸市介護予防ケアマネジメントマニュアルより
```

業のガイドライン』も参考にしています。

　課題分析の目的は、本人の望む生活（＝「したい」）（生活の目標）と現状の生活（＝「うまくできていない」）のギャップについて、「なぜ、うまくできていないのか」という要因を分析し、生活機能を高めるために必要な「維持・改善すべき課題（目標）」を明らかにすることです。

　課題分析の過程を通して、生活機能のどこに問題があり、困った状況になったのかを本人・家族と認識を共有し、必要な助言を行うことで、プラン実施の際には本人・家族の取り組みを積極的に促すことができ、また、将来の生活機能の低下を予防することにもつながります。

◆　状態を把握する際には
　・「なぜ、要支援認定の申請をしたのだろうか（申請のきっかけ）」
　・「なぜ、要支援状態になったのだろうか」
　・「生活の中で何か困っていることが生じていないだろうか」
　・「それはいつから、具体的にどんなことで困っているのだろうか」

・「最も困っている人は本人なのだろうか、家族なのだろうか」

というように、「なぜ」なのかを考えつつ、本人や家族から、必要な情報をもらさず聴き取ることが重要です。

◆ プラスの部分も把握する

「できていない・問題がある」というマイナス部分だけではなく、「できている・頑張っている」というプラスの部分も把握し、プラスの部分については、それが家庭内や地域の通いの場などで発揮できないか検討することが重要です。

そのことで、要支援者等の自己有用感を高め、積極的な社会参加や活動的な生活を促すことができます。

◆ 本人、家族はどのような生活を望んでいるのか、

本人や家族より意向を聴き取ります。

具体的には、元気（健康）でいるために、また、自分でできることを続けるために行っていることや心がけていること。具体的に「（できれば）してみたい・参加してみたい」ことや「興味があること・関心があること」、ADL・IADL、趣味活動、社会的活動などの内容を「興味・関心チェックシート」などを活用しながら聴き取ることが重要です（図1-8）。

「こういうことをしてみたい」という生活の目標を認識し、それに向かうことができれば、生活の意欲を高めることにつながります。

ADL（Activities of Daily Living）と
IADL（Instrumental Activity of Daily Living）

ADLは、『日常生活動作』
　起き上がり、歩行、食事、排泄、着替え、入浴等の基本的動作のことです。

IADLは、『応用的な日常生活動作』
　掃除・洗濯・調理・ごみ捨て、買い物等の家事や金銭管理、公共交通の利用等の生活関連動作のことです。

市町村介護予防強化推進事業実施要綱より抜粋し筆者作成

2．総合事業における介護予防ケアマネジメントの実際

図1-8　興味・関心チェックシート

興味・関心チェックシート

氏名：＿＿＿＿＿＿＿＿＿＿　年齢：＿＿＿歳　性別（男・女）　記入日：H＿＿年＿＿月＿＿日

表の生活行為について，現在しているものには「している」の列に，現在していないがしてみたいものには「してみたい」の列に，する・しない，できる・できないにかかわらず，興味があるものには「興味がある」の列に○を付けてください．どれにも該当しないものは「している」の列に×をつけてください．リスト以外の生活行為に思いあたるものがあれば，空欄を利用して記載してください．

生活行為	している	してみたい	興味がある	生活行為	している	してみたい	興味がある
自分でトイレへ行く				生涯学習・歴史			
一人でお風呂に入る				読書			
自分で服を着る				俳句			
自分で食べる				書道・習字			
歯磨きをする				絵を描く・絵手紙			
身だしなみを整える				パソコン・ワープロ			
好きなときに眠る				写真			
掃除・整理整頓				映画・観劇・演奏会			
料理を作る				お茶・お花			
買い物				歌を歌う・カラオケ			
家や庭の手入れ・世話				音楽を聴く・楽器演奏			
洗濯・洗濯物たたみ				将棋・囲碁・ゲーム			
自転車・車の運転				体操・運動			
電車・バスでの外出				散歩			
孫・子供の世話				ゴルフ・グランドゴルフ・水泳・テニスなどのスポーツ			
動物の世話				ダンス・踊り			
友達とおしゃべり・遊ぶ				野球・相撲観戦			
家族・親戚との団らん				競馬・競輪・競艇・パチンコ			
デート・異性との交流				編み物			
居酒屋に行く				針仕事			
ボランティア				畑仕事			
地域活動（町内会・老人クラブ）				賃金を伴う仕事			
お参り・宗教活動				旅行・温泉			

生活行為向上マネジメント

本シートの著作権（著作人格権，著作財産権）は一般社団法人日本作業療法士協会に帰属しており，本シートの全部又は一部の無断使用，複写・複製，転載，記録媒体への入力，内容の変更等は著作権法上の例外を除いて禁じます．

第1章　総合事業の概要と介護予防ケアマネジメント

3. 松戸市版アセスメントシートの紹介

（1）課題分析を補うアセスメントシート

基本チェックリストの結果と本人・家族との面接の結果を踏まえ、課題分析を行います。ここでは、共通ツールとして作成した「松戸市版アセスメントシート」を紹介します。

具体的に、図1－9の「松戸市版アセスメントシート」の左側の項目である『運動・移動について』、『日常生活（家庭生活）について』、『社会参加、対人関係・コミュニケーションについて』、『健康管理について』の領域は、様式「介護予防サービス・支援計画書（1）」の『アセスメント領域と現在の状況』に対応していますので、「できないこと」のみならず、「できていること」についても評価し、「継続できるようにするには・・・」という視点も持ちつつ各領域における課題等を、特記・課題等の欄に記載しておきます。

例えば、家事ができないとおっしゃる70歳代の男性は、ADLは全て自立しています。家事全般については、数か月前まで他界した妻が行っていたため、能力的に「できない」のではなく、「していない（したことがない）」ために「できない」とおっしゃるのでした。

また、筆者の経験では、能力的に『できる』からといって、毎日『している』とは限らない要支援の高齢者もおられました。

このように、「できる」か「できないか」という能力的な面だけではなく、日常生活において「している」のか「していない」のか、「していない」場合はその理由や背景などもアセスメントし、サービス利用の必要性とサービス提供内容を検討することが重要になります。このようなことから、「松戸市版アセスメントシート」には、『行っていないが能力はある』という回答項目を取り入れています。

（2）アセスメント項目についての説明

以下は、厚生労働省が示した『介護予防・日常生活支援総合事業における介護予防ケアマネジメント（第1号介護予防支援事業）の実施及び介護予防手帳の活用について（老振発0605第1号2015年6月5日）』を参考にしています。

ア　運動・移動について

自ら行きたい場所に移動するための手段をとれるか、乗り物を操作する、歩く、走る、昇降する、様々な交通手段を用いることにより移動が行えているか

3．松戸市版アセスメントシートの紹介

図1－9　松戸市版アセスメントシート

松戸市版アセスメントシート　氏名＿＿＿＿＿＿＿＿

区分	No.	項目		選択肢	特記・課題等
運動・移動について	1	（イスからの）立ち上がり		1)できる　2)つかまれば可能　3)できない	特記・課題等
	2	何かにつかまらずに歩く(5m)		1)できる　2)つかまれば可能　3)できない	
		信号が変わる前に横断歩道を渡りきる		1)できる　2)何とかできる　3)できない	
	3	片足立ち(1秒)		1)できる　2)つかまれば可能　3)できない	
	4	外出手段	日用品を買う店まで	1)行ける（手段　　　）2)誰かに頼む　3)行けない	
			病院等に行くときは	1)行ける（手段　　　）2)誰かに頼む　3)行けない	
日常生活(家庭生活)について	5	食事回数		1)3食/日　2)2食/日　3)1食/日　4)その他（　食/日）	特記・課題等
	6	調理		1)できる　2)行っていないが能力はある　3)一部できる　4)できない	
	7	掃除		1)できる　2)行っていないが能力はある　3)一部できる　4)できない	
	8	洗濯		1)できる　2)行っていないが能力はある　3)一部できる　4)できない	
	9	ごみ出し		1)できる　2)行っていないが能力はある　3)一部できる　4)できない	
	10	買い物		1)できる　2)行っていないが能力はある　3)一部できる　4)できない	
	11	金銭管理		1)できる　2)行っていないが能力はある　3)一部できる　4)できない	
社会参加、対人関係・コミュニケーションについて	12	1日誰と過ごすことが多いか		1)家族・友人等　2)ほとんど一人で過ごす	特記・課題等
	13	外出する頻度（通院以外）		1)　回/週　2)ほとんど外出しない	
	14	親戚・友人と会う・連絡とる頻度		1)　回/週　2)ほとんどない	
	15	身の回りの乱れ・汚れへの配慮		1)気にしている　2)気にならなくなった	
	16	情緒が不安定になることの有無		1)ない　2)情緒が不安定になることがある	
	17	一人きりになることへの不安		1)ない　2)一人になることが不安である	
健康管理について	18	医師からの運動制限		1)ない　2)運動を制限されている	特記・課題等
		その他医師からの注意		1)ない　2)注意を受けている	
	19	年1回の健康診査の受診		1)受けている　2)受けていない	
	20	現在の健康状態		1)よい　2)まあよい　3)普通　4)あまりよくない　5)よくない	
	21	睡眠の状態		1)よく眠れる　2)眠れないことがある（睡眠薬服用　有・無）	
	22	服薬管理の状況		1)指示通り飲める　2)指示があれば飲める　3)できない	
	23	一人で洗身		1)できる　2)何とかできる　3)できない	
	24	一人で浴槽をまたぐ		1)できる　2)何とかできる　3)できない	
	25	口腔機能の状況		1)硬いものが食べにくい　2)よくむせる　3)口が渇く　4)義歯が合わない	
	26	歯の手入(義歯含む)		頻度（　回/日・週・月）・方法（　　　）	
物忘れ等について	27	会話がまとまらない		1)いいえ　2)はい	特記・課題等
	28	物忘れが気になる		1)いいえ　2)はい	
	29	電気機器類の操作ができる		1)できる　2)迷う　3)難しい	
	30	火の始末は心配ですか		1)心配ない　2)心配している　3)消忘れの経験あり	
	31	悪徳商法への注意		1)注意している　2)注意していない　3)被害経験あり	

出典：松戸市介護予防ケアマネジメントマニュアルより

第1章　総合事業の概要と介護予防ケアマネジメント

などを確認します。
- 立ち上がりはイスからの立ち上がりについて状況
- 歩行は、5m何かにつかまらずに歩けるかどうか
- 信号が変わる前に横断歩道を渡りきるについては、一般的な信号において、赤信号を待っている状態から青信号になった場合に、信号が変わる前に横断歩道を渡りきれるかどうか
- 片足立ちは、認定調査の基準である1秒を目安にバランスについての状況
- 自宅や屋外をスムーズに歩行しているかどうか（杖なし、杖あり、車イス）
- 交通機関を使って移動することについての状況

イ　日常生活（家庭生活）について
　　家事（調理・掃除・洗濯・ごみ出し・買い物等）や住居・経済の管理などを行っているかなどを確認します。
- 献立を考え、調理することについての状況
- 家事（家の掃除、洗濯、ゴミ捨て、植物の水やり等）についての状況
- 日常に必要な物品を自分で選んで買うことについての状況
- 預貯金の出し入れを行うこと、収支を把握しているか等についての状況
    - ※　心身の状況を原因として、行おうとしてもできない場合にのみ、「3）一部できる」「4）できない」を選択する。心身の状況からは「一部できない」「できない」とする理由がないのに行っていない場合は、「2）行っていないが能力はある」を選択します。
    - ※　行おうとしてもできない場合のうち、全くできないまたは大部分できない場合は「4）できない」を選択し、それ以外の場合は「3）一部できる」を選択します。
    - ※　なお、「3）一部できる」「4）できない」を選択した場合は、その理由を「特記・課題等」欄に記載します。

ウ　社会参加、対人関係・コミュニケーションについて
　　状況に見合った社会的に適切な方法で、人々と交流しているか。また、家庭、近隣の人との人間関係が保たれているか。仕事やボランティア活動、老人クラブや町内会への参加状況や、家庭内や近隣における役割の有無などの内容や程度はどうかなどを確認します。
- 家族や友人のことを心配したり、相談にのるなど関係をつくり、保つことに

ついての状況
- 友人を招いたり、友人の家を訪問することについての状況
- 家族、友人などと会話や手紙などにより交流することについての状況
- 情緒が不安定になることの有無についての聞き取り方として「急に涙もろくなったり、怒りっぽくなったりすることはありますか」など
- 一人になることへの不安については、うつ支援が必要な状態であるかを見極めるために参考とする（将来への不安については、本人・家族の意向欄を活用する）

エ 健康管理について

　飲酒や喫煙のコントロール、食事や運動、休養などの健康管理の観点から定期受診が行われているかどうか、服薬管理や清潔、整容の保持等が必要と思われる場合は、この領域でアセスメントを行います。
- 健康のために運動を行うことについての状況
- 健診を受けることについての状況
- 休養に気をつけることについての状況
- 薬を飲み忘れず、管理することについての状況
- 定期的に入浴、またはシャワーで身体を洗うことについての状況
- 肌や顔、歯、爪などの手入れについての状況

（3）サービス・活動の判断の参考基準

　自立支援の観点から「松戸市版アセスメントシート」の結果をどのように評価し、サービスにつなげるかの基準や指標の目安について、松戸市の基準を図1－10にまとめました。
　この基準は、あくまでも指標であり、基準に該当しなければサービスが使えないというものではありません。逆に基準に該当しているからといって自立支援の観点を無視しサービスにつなげるものでもありません。
　「サービス」や「事業」、「地域での活動」をどのくらいの頻度で利用することが「身体機能の改善」や「生活の質の改善」につながるのかを地域包括支援センター職員、ケアマネジャーが判断し、適切なケアマネジメントを行うための一つの指標として作成しています。
　この判断基準を定めるにあたっては、松戸市の要支援認定者1,017名の認定調査結果を分析するとともに、各地域包括支援センター職員が担当している要支援

図1-10 松戸市「介護予防・日常生活支援総合事業」サービス・活動の判断の参考基準（概要）

利用者本人の意向を踏まえつつ、サービス事業対象者を決定するここで、基本チェックリストの該当項目や利用者基本情報・アセスメントシートの記載内容等に沿って、利用するサービスや参加する活動を判断。高齢者の心身の状況に応じた多様なサービスの利用や活動への参加につなげ、介護予防を推進。
※ 実際の判断に当たっては、この基準を参考にしつつ、利用者個々人の多様な状況等に即して判断を行う。

基本チェックリストの該当項目に沿った判断

分類	対象者判定基準	想定されるサービス・活動の例
①複数項目に支障	No.1～20のうち10項目以上に該当	・②～⑦のうち該当又は該当に近い基準に対応するサービス・活動、必要に応じて、複数のプログラムの提供を検討
②運動機能低下	No.6～10のうち3項目以上に該当	・通所型サービス（短期集中予防・運動機能向上）
③低栄養状態	No.11～12のすべてに該当	・通所型サービス（短期集中予防・栄養改善）
④口腔機能低下	No.13～15のうち2項目以上に該当	・通所型サービス（短期集中予防・口腔機能向上）
⑤閉じこもり	No.16に該当	・通所型サービス（地域の通いの場）地域の各種活動（ボランティア、就労、老人クラブ等）・訪問型サービス（短期集中予防）
⑥認知機能低下	No.18～20のうち1項目以上に該当	・通所型サービス（短期集中予防・認知症予防）・通所型サービス（地域の通いの場）地域の各種活動（ボランティア、就労、老人クラブ等）
⑦うつ病の可能性	No.21～25のうち2項目以上に該当	・通所型サービス（地域の通いの場）地域の各種活動（ボランティア、就労、老人クラブ等）・受診勧奨の必要性判断・専門相談（窓口）紹介

※⑤・⑦の場合に、単に通いの観点から通所型サービスを利用することはできない。

《基本チェックリストについて》
・基本チェックリストの該当項目のみで、サービスの利用を判断しない。
・該当項目の状況により、低下している機能の目安として活用する。

《全体的な留意事項》
・新たなサービス事業対象者には、能力を最大限活用しつつ、住民主体による支援や短期集中予防サービスの利用、地域の各種活動への参加を促す。

松戸市版アセスメントシート等の記載に基づく判断

分類	対象者判定基準	想定されるサービス・活動の例
①身体介護の必要性が高い	以下のいずれかに該当 ア．項目1・2・3・23・24のいずれかで「3」があること イ．項目24が「2」以上であること	・通所型サービス（短期集中予防・運動機能向上）・介護予防通所介護相当サービス・介護予防訪問介護相当サービス ※③の判定基準に該当する場合のみ家事援助の実施も可能。
②機能訓練の必要性が高い	項目1・2・3・23（全5項目）のうち2項目以上が「2」以上である	・通所型サービス（短期集中予防・運動機能向上）・介護予防通所介護相当サービス
③家事援助の必要性が高い	以下のいずれにも該当 ア．利用者が単身であること、「障害、疾病その他の家族等がやむを得ない理由により家事の実施が困難である（利用者基本情報より） イ．項目6～10のうち2項目以上が「3」以上である	・通所型サービス（短期集中予防・運動機能向上）・通所型訪問サービス（短期集中予防・認知症予防）・訪問型サービス（家事援助）
④閉じこもり予防の必要性が高い	項目12・13・14のうち1項目以上が「2」以上である	・通所型サービス（短期集中予防・運動機能向上）・地域の各種活動（老人クラブ等）・訪問型サービス（短期集中予防）
⑤うつ予防の必要性が高い	項目16・17のうち1項目以上が「2」である	・通所型サービス（地域の通いの場）・地域の各種活動（ボランティア、就労、老人クラブ等）・受診勧奨・専門相談（窓口）紹介
⑥認知症予防の必要性が高い	以下の6項目のうち2項目以上に該当 項目11が「3」以上 項目15・22・27～30が「2」以上である	・通所型サービス（短期集中予防・認知症予防）・地域の各種活動（ボランティア、就労、老人クラブ等）

※④・⑤の場合に、単に通いの観点から通所型サービス（短期集中予防）を利用することはできない。

出典：松戸市介護予防ケアマネジメントマニュアルより

1・2並びに2次予防事業対象者113名に「松戸市版アセスメントシート」を試行し、その結果を分析して決定しました。

図1-11は、実際に当市の地域包括支援センターで介護予防ケアマネジメントを行っている要支援1・2の認定者のうち、介護予防訪問介護並びに介護予防通所介護を利用している方の利用者像について、「松戸市介護予防ケアマネジメント検討会」で話し合い、出された意見を身体状況、家族構成、既往歴、日常生活上で困難な状態像等をまとめたものです。

このように松戸市では、関係者にケアマネジメントのプロセスが認識されるように独自にマニュアルを作成しました（図1-12）。

（4）ケアプランの作成にあたって

ア　ケアプランの目的

ケアプランの目的は、「維持・改善すべき課題」を解決する上で最も適切な目標、支援内容、達成時期を含め、段階的に支援するための計画を作成することです（表1-5）。

手法としては、3～12か月を目処とした、本人自身がどのような自立した生活を送りたいかという「生活の目標」に対し、3～6か月を目処として「目標」が達成されるために、「どのように改善を図るのか」（最も効果的な方法の選択）、「どこで、誰がアプローチするとよいのか」（最も効果的な手段の選択）、「いつ頃までに達成するのか」（期限）を考慮し計画を作成します。

イ　ケアプランの作成の際の留意点

適切な目標設定、ケアプランの作成の際には、本人・家族と本人のしたい生活（生活の目標）のイメージを共有し、生活の目標が達成されるためには「維持・改善すべき課題」（目標）の解決を図ることが大切です。利用者本人が自らのケアプランであると実感し、利用者が主体的に取り組まなければ十分な効果は期待できません。

また、目標が達成されたら、生活機能を維持さらに高めていくために、様々な活動の場や社会参加の場に通うことが大切であることも説明します。

（5）サービス担当者会議の重要性

ア　サービス担当者会議の目的

- 利用者やその家族の生活全体及びその課題を共有します。
- 地域の公的サービス・インフォーマルなどについて情報共有し、その役割を

図1−11　デイサービス・ホームヘルプサービスを利用する利用者像

デイサービス・ホームヘルプサービスを利用する利用者像

デイサービス

〈意見の概要〉

◆機能向上等が必要な状態
・膝関節症で膝が曲がらない
・脊柱管狭窄症で一人での外出が困難
・整形疾患退院後
・麻痺あり　　　など

◆うつ、閉じこもり傾向の状態
・他者との交流の機会がない
・自宅に閉じこもりがち（早期に対応しないと要介護状態になり易い）
　　　　　　　　など

利用者像

★身体的状況（デイサービス）
・リハビリ、機能訓練が必要な人（機能維持）
・自宅で入浴が困難
・交流の機会が少ない（閉じこもり対策）
・コミュニケーション能力が低い、他者との関係づくりが不得意（当初のみ専門職の関与が必要）

★家族構成（共通）
・独居
・高齢者世帯（配偶者が要支援・要介護状態、障害者など）
・同居家族がいるが、支援が受けられない

★既往、後遺症等（共通）
・認知症
・関節疾患（腰、膝、指先など）
・麻痺
・呼吸器疾患
・視覚障害　　など

★身体的状況（ホームヘルプ）
・関節可動域に制限あり
・かがむ動作が困難
・転倒の危険が高い
・常にふらつきあり
・重い物が持てない、運べない
・薬を飲むのを忘れる
・指先の感覚異常（痺れ、筋力低下など）

〈意見の概要〉

◆交流の機会が必要な状態
・コミュニケーション能力が低い
・交流の機会が少ない
・萎縮してしまう
・周囲の人の話についていけない　　など

◆自宅で入浴ができない状態
・自力で入浴が困難
・浴槽をまたげない
・かがめない
・ふらつきあり
　　　　　　　　など

ホームヘルプサービス

〈意見の概要〉

◆買い物が困難な状態
・常にふらつきあり
・転倒の危険が高い
・外出が困難
・重いものが持てない、運べない（宅配を利用しても玄関先から運べない）
　　　　　　　　など

◆調理が困難な状態
・認知症
・指先に痺れがあり調理ができない
　　　　　　　　など

〈意見の概要〉

◆掃除ができない状態
・関節リウマチ
・腰痛、膝関節痛
・麻痺
・かがむ動作が困難
・筋力低下あり（掃除機が持てない）
　　　　　　　　など

◆医療ニーズが高い服薬管理が困難
・認知症で、薬の飲み忘れがある
・人工透析後の疲労感が強い　　など

出典：松戸市介護予防ケアマネジメントマニュアルより

3．松戸市版アセスメントシートの紹介

図1－12　松戸市「介護予防・日常生活支援総合事業」の概要（イメージ）

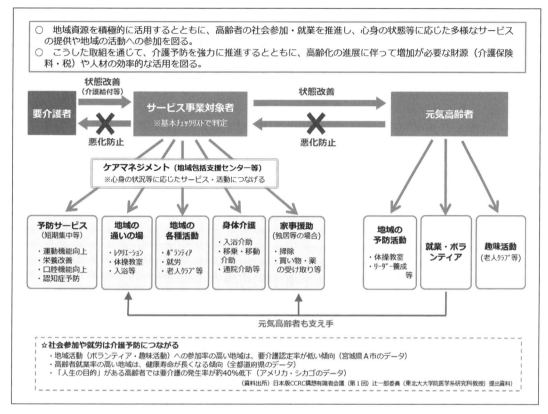

出典：松戸市介護予防ケアマネジメントマニュアルより

理解します。
- 利用者の課題・生活機能向上の目標・支援の方針・支援計画等を協議します。
- 介護予防ケアプランにおけるサービス事業者の役割を相互に理解します。

イ　開催時期
- 初回の介護予防ケアプラン作成時
- 更新申請、区分変更申請時
- 介護予防ケアプランの変更時
- 介護予防ケアプランどおりの効果を果たしていないと考えられるときや、サービスや事業の利用中断がある場合、利用者の状況等に変化があり、プランの変更が必要なときは臨時に開催

ウ　会議の構成員
- 利用者・家族
- 介護予防ケアプラン作成者

表1-5　介護予防ケアマネジメントにおける課題と目標の例

課題	目標
セルフケア 清潔・整容、排せつの自立、TPOに応じた更衣、服薬管理、健康に留意した食事・運動など	健康：毎年健診に行く、体にいいと思う食事や運動を日々続ける、自分で服薬管理する 日常生活：起床から就寝まで規則正しい生活リズムで過ごす、TPOに応じた身支度をする
家庭生活 日常の買い物、食事の準備、掃除・洗濯・ゴミ捨てなどの家事、簡単な家の修理・電球の交換・水やり・ペットの世話など	家事：炊事・掃除・洗濯などを自分でする 用事：買い物や銀行の用事を自分ですます
対人関係 家族や友人への気配り・支援、近所の人・友人・同僚との人間関係づくりと保持、夫婦・親密なパートナーとの良好な関係保持など	関係：家族と仲良く過ごす、近所の人といい関係で過ごす 役割：庭の草むしりや孫の世話など家族の用事や世話をする 他者への支援：誰かの手助けをしたり、相談者になる
主要な生活領域（仕事と雇用、経済生活） 自営業の店番・田んぼの見回りなどの仕事、ボランティアや奉仕活動など人の役に立つ活動、預貯金の出し入れ	仕事：店番や畑仕事など自営業の手伝いを続ける 活動：地域の奉仕活動に参加する 経済生活：預貯金の出し入れや管理をする
コミュニケーション 家族や友人への手紙やメール、家族や友人との会話、電話での会話	家族や友人との会話や電話、手紙やメールのやりとりを続ける
運動と移動 自宅内・自宅以外の屋内、屋外を円滑に移動、移動にバス・電車・他人が運転する自動車を使用、自分で自動車や自転車を使って移動	外出：週に2回は買い物に行く、展覧会、公園など行きたいところに外出する 旅行：家族や友人と2泊3日の旅行に行く
知識の応用（判断・決定） 日常生活に関する内容について、自分で判断・決定	何か起こったら自分で判断する、自分のことは自分で決める
コミュニティライフ・社会生活・市民生活 友人との行き来、趣味や楽しみの継続、候補者を決めて投票、自治会や老人会の年行事・お祭りへの参加など	交流・参加：自治会のお祭りに参加する、老人会の行事に参加する、候補者を決めて投票する 楽しみ：趣味の会に参加する、週に1回外出する、趣味を持つ

（介護予防マニュアル改定委員会（2011.3）「介護予防マニュアル改訂版」三菱総合研究所を一部修正）

・サービス事業担当者
・主治医
・インフォーマルサービスの提供者
　サービス提供事業者が会議に参加することで、要介護者のしたい生活（生活の目標）のイメージや維持改善すべき課題（目標）を共有でき、的確な個別サー

図1-13 サービス担当者会議で求められるリハビリテーション専門職等の発言内容

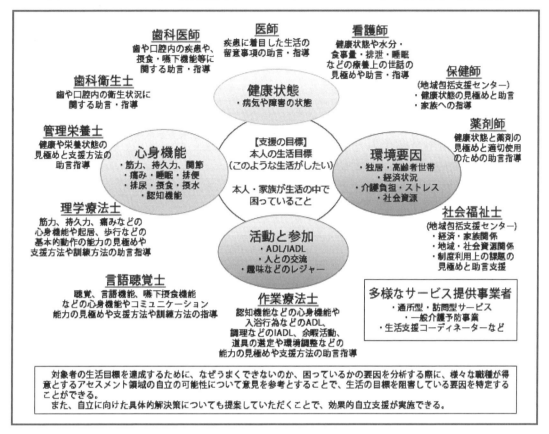

出典:厚生労働省『介護予防・日常生活支援総合事業のガイドライン』より

ビス計画を立案することにより効果的なサービスの提供を促すことができます。

また、リハビリテーション専門職種等から個別事例にあった運動の仕方、ADL/IADLの生活行為の自立支援の仕方、認知症高齢者の具体的対応の仕方など、支援方法の情報を入手することができます(図1-13)。

エ　ケアマネジメント担当者が説明する事項
・ケースの年齢や家族構成などの基本情報
・今回の認定申請等に至った経緯、維持・改善すべき課題とそれに至る課題分析の過程
・計画の原案　等

オ　協議内容
・利用者の生活状況と介護予防ケアプランの内容

・サービス提供・支援の順序や調整・提供時の配慮
　　・各サービス・支援の計画作成の為の２次アセスメント
カ　記録
　「介護予防支援経過記録」に記載します。
キ　その他
　　疾患が理由で生活行為に制限がある場合は、主治医の意見を確認する必要があります。利用者が十分に予後予測に基づいた疾患の説明を受け、目標やケアプランを作成することが大切です。
　　医師との日程調整が難しいことが少なくありませんが、受診時または照会等により情報を得る等工夫し実施します。

（６）ケアプランの本人同意と交付
　利用者から、ケアプラン同意（押印）を得て交付し、サービス事業者にサービス提供開始を伝えます。

　　ア　サービスの利用
　　　サービス事業者は、事業実施前に、事前アセスメントを行い、個別サービス計画を立てます。個別サービス計画に基づき、サービスを提供し、効果やサービスが適切か確認しながら実施し、必要があれば計画を見直します。サービス提供後は、その効果について事後のアセスメントを行います。
　　　その結果については、介護予防ケアプラン作成者に報告します。

　　イ　モニタリング
　　　◆　モニタリングの目的
　　　　支援計画の実施状況を把握し、目標の達成状況の確認、支援内容の適否、新たな目標の設定の必要性を確認し、次の支援計画に結びつけていくことです。
　　　◆　行う時期
　　　　・サービス提供の開始月
　　　　・サービス提供から３か月に１回
　　　　　（月に１回は、訪問または電話等でモニタリングを行う）
　　　　・利用者に著しい変化があったとき
　　　　・サービスの期日終了月

3．松戸市版アセスメントシートの紹介

- ◆ モニタリングの視点
    - ・利用者の生活状況に変化がないか。
    - ・介護予防ケアプランどおりに、利用者自身の行動やサービスの提供がなされているか。
    - ・個々のサービス提供等の支援内容が、実施の結果、適切であるかどうか。
    - ・利用しているサービスに対して利用者は満足しているか。
    - ・その他、介護予防ケアプランの変更を必要とする新しい課題が生じていないか。
- ◆ 計画の組み直し等
    - ・目標が達成された場合は、改めて課題分析を行い、計画を組み直します。
    - ・課題が解決されている場合は、次のステップアップのために、一般介護予防事業などの通いの場を見学するなど、スムーズな移行に配慮します。
    - ・新たな課題が見つかった場合や目標達成が困難な場合は、課題分析結果に基づき、計画を組み直します。
- ◆ 記録
    - ・介護予防支援経過記録に記載する。
    - ・モニタリングの結果、ケアプラン変更の必要がある場合や区分変更申請が必要な場合は、「介護予防支援・サービス支援評価表」に記入します。

ウ　評価

- ◆ 評価の目的
    介護予防ケアマネジメントで設定された目標が達成されたか否かを確認するとともに、必要に応じて今後のケアプランを見直します。
- ◆ 行う時期
    - ・6か月に1回
    - ・運動器の機能向上、口腔機能向上のプログラムを利用する場合は3か月に1回
    - ・介護予防ケアマネジメントに位置づけた期間終了時
- ◆ 記録
    「介護予防支援・サービス評価表」に記載します。

参考文献

・厚労省（老発0605第5号）『介護予防・日常生活支援総合事業のガイドラインについて』2015年6月5日

- 厚労省（老振発0605第1号）『介護予防・日常生活支援総合事業における介護予防ケアマネジメント（第１号介護予防支援事業）の実施及び介護予防手帳の活用について』2015年６月５日
- 三菱総合研究所　介護予防事業の指針策定にかかる調査研究事業
『介護予防マニュアル改訂版』介護予防マニュアル改訂委員会　2012年３月
- 総合事業実施に伴う松戸市介護予防ケアマネジメントマニュアル　2016年３月
- 「平成25年度老人保健健康増進等事業　医療から介護保険まで一貫した生活行為の自立支援に向けたリハビリテーションの効果と質に関する評価研究」一般社団法人　日本作業療法士協会　2014年３月

第2章 総合事業における介護予防の視点

1. 介護予防と自立支援の考え方

(1) 介護予防とは

　介護予防とは、要介護状態の発生をできる限り防ぐ（遅らせる）こと、そして要介護状態にあってもその悪化をできる限り防ぐこと、さらには軽減を目指すことと定義されます。また、介護保険は高齢者の「自立支援」を目指しており、国民自らの努力についても、介護保険法第4条（国民の努力及び義務）において、「国民は、自ら要介護状態となることを予防するため、加齢に伴って生ずる心身の変化を自覚して常に健康の保持増進に努めるとともに、要介護状態となった場合においても、進んでリハビリテーションその他の適切な保健医療サービス及び福祉サービスを利用することにより、その有する能力の維持向上に努めるものとする」と規定されています。

　また、同法第5条（国及び地方公共団体の責務）において、「可能な限り、住み慣れた地域でその有する能力に応じ自立した日常生活を営むことができるよう、要介護状態の予防、悪化防止の施策、自立した日常生活の支援のための施策を医療及び居住に関する施策との有機的な連携を図りつつ包括的に推進するよう努めなければならない」とされています。高齢になってもいつまでも自分らしく自立した生活を送るためには、元気なときから介護予防に取り組むことが大切で、特に、高齢者が可能な限り自立した日常生活を送り続けていけるよう地域づくりの視点も併せて重要です。

(2) 生産年齢人口と高齢者人口

　今後、我が国は高齢者が増加する一方で、15歳〜64歳の働き手とされる生産年齢人口は減少の一途をたどり、税や社会保障費への影響も避けられません（図2-1）。このように厳しい将来を考えると、効果的な介護予防を充実、推進し、高齢者が可能な限り元気で生活できる期間を延長させることがますます必要です。

図2-1　高齢世代人口の比率

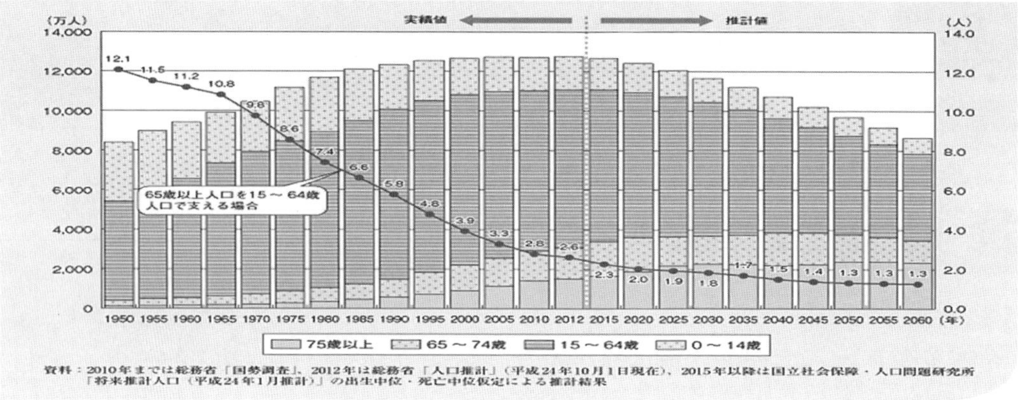

出典：「内閣府　平成25年版高齢社会白書　概要版　第一節高齢化の状況」より

(3) 介護予防の理念とこれからの方向性

　これまでの介護予防事業は、機能回復訓練に偏りがちであったことや取り組む高齢者が拡大しなかったこと、介護予防事業終了後も機能を維持するための場を創出することが充分でなかったことなどの課題がありました。

　平成26年介護保険法改正ではそのような課題を踏まえ、機能回復訓練など高齢者本人への身体的支援だけでなく、生活環境の調整や、地域の中に生きがい・役割をもって生活できるような居場所と出番づくり等、高齢者本人を取り巻く環境へのアプローチも含めたバランスのとれたアプローチが重要とされました。このような効果的なアプローチを実践するためのリハビリテーション専門職と連携した介護予防の取り組みは、本人の潜在能力を効果的に引き出し、より安全な生活行為や活動を促す自立支援が期待できます（図2-2）。

　なお、リハビリテーション専門職とは、理学療法士・作業療法士・言語療法士・介護福祉士・保健師・看護師・管理栄養士・歯科衛生士・薬剤師等、専門的知識や技術を提供してリハビリテーションを実施する人を指し、地域ケア会議、短期集中予防サービス、通いの場等において、高齢者の心身の状態に合わせ、安全な生活行為や食生活の工夫、口腔ケア、薬の飲み方等、専門的助言により自立を支援します。

(4) 支え合いの地域包括ケアシステムの構築

　「地域包括ケアシステム」とは、住み慣れた地域で心身の状態や生活環境の変化に応じて、安心して暮らすことができる住まいが確保された上で、自助・互助・

1. 介護予防と自立支援の考え方

図2－2　生活行為や活動を促す自立支援

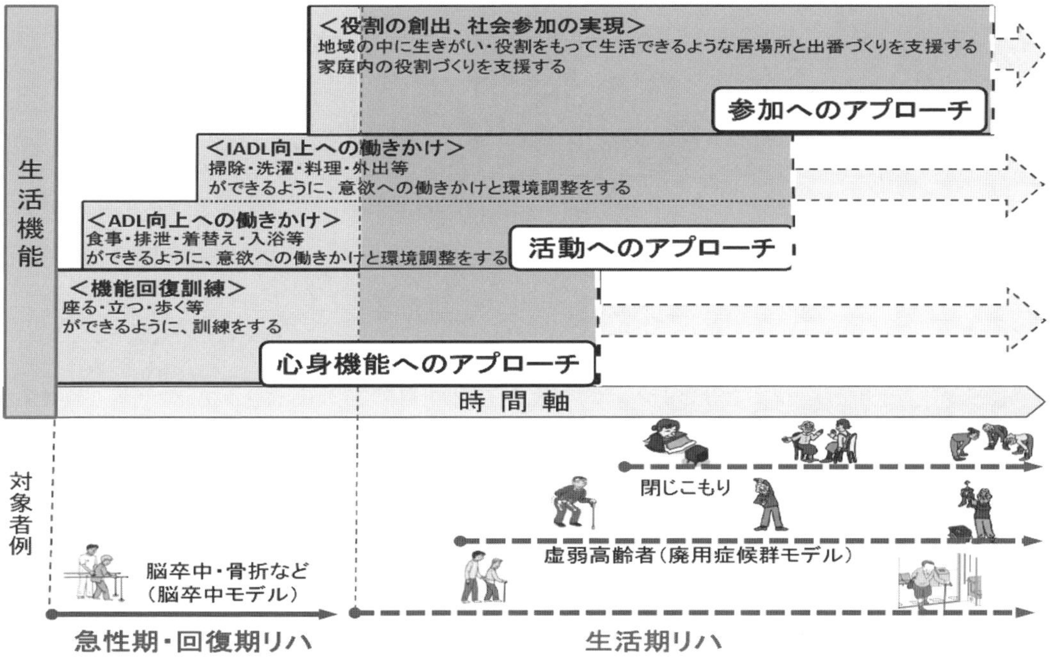

＜役割の創出、社会参加の実現＞
地域の中に生きがい・役割をもって生活できるような居場所と出番づくりを支援する
家庭内の役割づくりを支援する

参加へのアプローチ

＜IADL向上への働きかけ＞
掃除・洗濯・料理・外出等
ができるように、意欲への働きかけと環境調整をする

＜ADL向上への働きかけ＞
食事・排泄・着替え・入浴等
ができるように、意欲への働きかけと環境調整をする

活動へのアプローチ

＜機能回復訓練＞
座る・立つ・歩く等
ができるように、訓練をする

心身機能へのアプローチ

生活機能　／　時間軸

対象者例：脳卒中・骨折など（脳卒中モデル）／閉じこもり／虚弱高齢者（廃用症候群モデル）

急性期・回復期リハ　／　生活期リハ

出典：介護予防の推進について　厚生労働省
http://www.mhlw.go.jp/file/05-Shingikai-12301000-Roukenkyoku-Soumuka/0000052328.pdf　より

共助・公助が連動し、介護予防を充実していくとともに、高齢者の心身状態や生活の変化に対応し、生活支援・医療・介護等必要なサービスが適切に提供される地域の仕組みのことで、団塊の世代が後期高齢者となる2025年までに構築することを目指しています（図2－3）。

① **自助（セルフケア）の必要性**

　自助とは、自ら健康管理（セルフケア）をする等、自らできることは自らすることです。

　個人差はありますが、高齢になると年齢とともに体力の衰えを自覚し、「年だから弱るのは当たり前」と受けとめることもよくあることですが、元気な人でも何もすることがないなどの理由でほとんど外に出ず、家でゴロゴロしていたり、テレビを見て過ごしてばかりいると、だんだんと外出や人に会うことなども面倒になり活動量が減少し心身へも影響していきます。

　また、活動を制限せざるを得ない環境が機能低下の要因になる場合もあります。例えば、つかまるものがないので立ちあがりや移動が大変、部屋に物が散乱して歩きにくい、行事や付き合いがなくなった、「転ぶからじっとしていて」「代わり

図2-3 地域包括ケアシステムの概念図

出典：三菱ＵＦＪリサーチ＆コンサルティング「〈地域包括ケア研究会〉地域包括ケアシステムと地域マネジメント」（地域包括ケアシステム構築に向けた制度及びサービスのあり方に関する研究事業）、平成27年度厚生労働省老人保健健康増進等事業、2016年

にやってあげる」と言われ、役割がなくなった等です。活動量が慢性的に減少することは、生活を維持する機能が低下し、ますます不調になる悪循環に陥ります。災害等により生活が激変したために活動量が減少し生活機能が低下する「生活不活発病」は、動かない高齢者にも当てはまります。

　中には、ジムや散歩に出かけたり、栄養バランスに注意したり、健診を受けたりと積極的に健康管理する高齢者もおり、自分のためだけでなく「家族に迷惑をかけたくないから、今できることをする」という高齢者も少なくありません。

　反面、「わかっちゃいるけどねえ…」と、価値観や意欲等が影響し、なかなかその気にならない高齢者もいます。また、日本老年医学会では、加齢のために心身が少しずつ弱っていく段階を「フレイル（心身の弱まり）」と名づけています。フレイルを放置すると、介護を要する状態へ心身機能が低下するので、高齢になっても動く生活が意識できるよう情報提供や具体的な働きかけがとても大切です（図2-4）。

② 互助（支え合い活動）の充実

　互助とは、近隣の助け合いやボランティア、住民団体等の費用負担が制度的に裏付けられていない自発的な活動のことです。

　高齢になり、活動範囲が次第に限られてくると、住居環境や自宅周辺の環境が生活に影響してきます。買い物や外出のしやすさだけでなく、居場所をはじめ、近所付き合いや友人、相談できる人の有無等は生活の質に関わる要素になります。地縁血縁や近所付き合いがなく、町会や自治会に加入していない高齢者の場合は、居住そのものすら把握されないため、見守り対象にもならないことがあり、孤立

1．介護予防と自立支援の考え方

図2-4　セルフケアの図

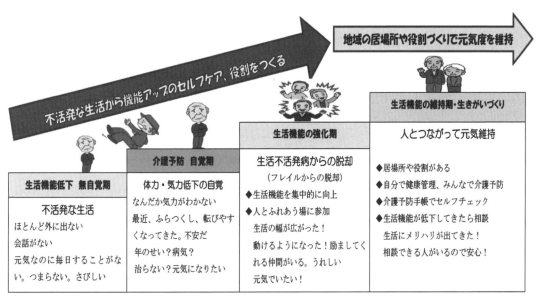

筆者オリジナルによる

化に拍車がかかります。

　普段からの近所付き合いや町会行事、地域の催し物への参加等、様々な機会を活かして地域との接点を多くすることは互助へ発展する機会になり、介護予防の観点からも効果的です。

　また、町会自治会やボランティア活動以外にも、NPO法人、民間企業、協同組合等、社会的なネットワークの充実により互助の選択肢が増えることでさらに適切な自立支援を目指すことが可能になると考えられます。

③　共助

　共助とは、介護保険や医療保険等、偶発的な疾患や生活の支障に対応できるよう、その発生の可能性を共有する者同士（被保険者）が費用を負担し合い、経済的に支え合う仕組みです。

　健康状態や生活の支障は、早期に対応して悪化を防止することが重要ですが、まず自助や互助を前提に考え、自助や互助で支えきれない場合は、共助や公助で生活を補完させます。そのような場合は自立を妨げる過剰な供給には注意が必要です。また、共助を利用しても、居場所や通いの場等、人との交流や役割を持ちつづける等、築いた人間関係を維持していくことが心身の悪化防止につながり元気が維持できる押さえどころです。

④　公助

　公助とは、生活困窮等に対する扶助を国や自治体の公的負担で対応し、高齢者保健福祉事業等、社会全体に関わる内容について支援することです。

（5）介護予防・生活支援サービス事業の参加による介護予防

　高齢者は、加齢による身体の変化として筋力や柔軟性の低下が生じ、転びやすい、かがむ動作ができない、重い物が持てない等、足腰の訴えも目立ってきます。
　膝や腰等の不調により、それまでできていた買い物、外出が困難になってきたり、自宅においても自由な行動に制限が生じ、生活の不便さを感じることから、不安が増大し自信が持てなくなったり、精神的にも変化が生じてくる可能性があります。
　そのような現状を踏まえて、総合事業の介護予防・生活支援サービス事業では、元気な高齢者の活躍の場として生きがいづくりを目的とした就労および互助を活用することが可能です。
　調理がつらくなった高齢者に対して、力になりたい高齢者が訪問し、地域の話題や雑談を交えて、利用者ができない部分を手伝ってもらいながら一緒に作業することで、自信がつき生活意欲がわいてきます。このように近所の支え合い活動から高齢者の社会参加へ発展させるなど、今後、様々な高齢者の多様な生活ニーズに対して柔軟に対応できる介護予防・生活支援のあり方の検討や、元気な高齢者をはじめ地域に潜在している人材の発掘がますます必要になってきます。
　また、気兼ねのない人間関係や社会参加を構築するためには、人と人、人と地域をつなぐコーディネーターの存在が必要になります。通いの場においても、中間的立場のサポーターの配慮により自由で居心地よい場がつくれるでしょう。

（6）新しい自立支援の考え方

　見守りや安否確認、生活援助などの住民の支え合いを自立支援に発展させていくためには、「してあげる人」「してもらう人」といった関係ではなく、気兼ねのないご近所付き合いのような関係が望ましいようです。
　自立というと、他の助けなしに自分一人の力だけで物事を行うようなイメージがありますが、高齢者に対しては不安や心配なことを一緒に実施する等、互いに助け合う、寄り添うという視点を持ち、年齢や心身の状況等によって分け隔てることなく、ともに楽しむことを目指します。
　例えば、通いの場では参加者をお客様扱いせずに、参加者のできることや得意

分野に合わせてプログラム構成を工夫し、声が大きい人なら受付での挨拶役、静かだけれど気配りができる人はお茶出しの手伝いや出欠名簿に印をつける、記憶力がいい人には参加者の名前を呼んでもらう等、片麻痺の人でも認知症の人でもお互いに役割や出番をつくり全員参加型の場をつくることが重要です。役割を担うことにより、存在感や達成感を見出し、生活への張り合いにつながれば、介護予防の効果も増大してきます。共感や共有、認められたいという気持ちは年齢や状態にかかわらず忘れてはならない大切な要素です。

　地域でつながるための「多様な活動」を「身近な地域」で展開すれば、顔見知りがいる参加のしやすさで、将来、状態が変化しても参加し続け、人と人がつながる住民ネットワークとして地域の自立支援を推進し、地域包括ケアシステム構築に向けた地域づくりの中核となりうるでしょう。また、定年後の人々の活躍の場として認知できれば、さらなる介護予防、自立支援の好循環が期待できます。

2. 通所型サービスCについて

（1）通所型サービスCとは

　通所型サービスCは、国が平成24～25年度に実施した「市町村介護予防強化推進事業（予防モデル事業）」の実績等を基に考えられたサービスで、国の地域支援事業実施要綱によると、「個人の活動として行う排泄、入浴、調理、買物、趣味活動等の生活行為に支障のある者を対象に、保健・医療の専門職が、居宅や地域での生活環境を踏まえた適切な評価のための訪問を実施した上で、おおよそ週1回以上、生活行為の改善を目的とした効果的な介護予防プログラムを実施する、短期集中予防サービス」と定義されています。また、「単に高齢者の運動機能や栄養といった心身機能にだけアプローチするのではなく、高齢者本人を取り巻く環境へのアプローチも含めたバランスのとれたものとすることにより、サービス利用の結果、日常生活の活動を高め、家庭や社会への参加につなげるものであること。その際、サービス終了後も引き続き活動や参加が維持されるよう、地域の通いの場等への参加に結びつくよう配慮する」（同　地域支援事業実施要綱）サービスであり、サービスで状態を改善した後も、高齢者が引き続き地域での活動や参加の機会を持ち、状態を維持することができることを目指すものです。

（2）松戸市の通所型サービスCの特徴

　松戸市では平成27年10月より通所型サービスCを実施していますが、国の地域

支援事業実施要綱と比較するといくつかの違い（特徴）があります。
① プログラムを分野別（運動、栄養、口腔、認知）に分けて実施

　松戸市では、二次予防事業で行っていた分野別のプログラムを通所型サービスCでも継承して行っています。これは、二次予防事業で培った事業所の専門性を活かすため、また、画一的な支援ではなく、利用者個々の状態（どの機能が低下しているのか）、目標に応じたプログラムを展開することができると考えたためです*。また、保健・医療の専門職については、地域支援事業実施要綱では、「保健・医療専門職とは、保健師、看護職員、理学療法士、作業療法士、言語聴覚士、管理栄養士、歯科衛生士等である。」と規定されていますが、松戸市では分野別に専門職の要件を規定しており、それぞれのプログラムに適した専門職を配置することで、より専門性、個別性の高い支援を行うことができると考えています（表2-2参照）。

② 原則3か月程度のサービス

　松戸市では、通所型サービスCの期間を、原則3か月間（運動・認知は週2回計24回、栄養は6～8回、口腔は月1～2回計6回）としています。これは、二次予防事業において、特に運動器の機能向上プログラムで、週1回よりも週2回通所した高齢者の機能改善率が高かったためです。また、地域支援事業実施要綱では、「サービスの継続が生活行為の改善に効果的であると判断された場合には、最大6か月までサービスを継続してもよい。」とありますが、松戸市ではサービスの延長は原則として認めておりません。松戸市の通所型サービスCでは、セルフケアに向けた動機づけ・学習を行うことによって、高齢者が機能低下状態を脱して、地域活動の中で継続的な機能維持を推進していくことを目指しており、期間の延長や繰り返しの利用は事業の目的に沿わないと判断したからです。その代わり、サービス終了後は可能な限り地域のサービスや活動につなぎ、サービス終了後の機能低下を予防することが重要だと考えています。また、入院や加齢等で心身の状況に変化があり、再度機能向上のために通所型サービスCの利用が効果的と判断された場合は、次年度以降に再参加できるものとしています。

③ **指定事業者による実施**

　地域支援事業実施要綱では、通所型サービスCの実施方法を「直接実施または委託による方法」としていますが、松戸市では指定事業者により実施しています。これは、指定事業者による実施でも、効果的な事業の実施が可能であると考えた

＊　利用者は基本チェックリストに該当した項目に係るプログラムについて、サービスの提供を受けることが可能です。

と同時に、指定にすることで、他の総合事業のサービス（従前相当の通所型サービス等）と同様に給付管理等が行え、地域包括支援センターやケアマネジャーにとって利便性が高いと考えたためです。サービス事業者の指定については、人員、設備、運営に関する基準を市独自の要綱で規定し、質を担保しています。

④ 松戸市独自の仕組み

松戸市の通所型サービスCでは、サービス事業者への改善加算の導入や、サービスを利用し、基本チェックリストで非該当になった高齢者に卒業証書を授与することで、事業者や高齢者本人の状態改善への意欲を高める工夫をしています。また、従前の二次予防事業の要素に追加して、セルフケアに向けた支援の強化を行い、サービス終了後の機能低下予防を目指しています。例えば、サービスのない日も自分でできるような運動をプログラムの中で指導することや、介護予防手帳などを活用し、自宅での取り組みを記録、確認することの習慣化を図るなど、サービス終了後も取り組みを継続できるような支援をサービス事業者に実施してもらえるよう、サービス事業者向けの実施マニュアルやＱ＆Ａを作成しています。

（3）松戸市の通所型サービスCの現状

① 松戸市の通所型サービスCの実績について（表2−1、図2−5参照）

松戸市では、平成27年10月より通所型サービスCを、市内20か所の指定事業者にて実施しています（平成28年4月現在21か所）。

平成28年3月末現在の利用者は172名で、通所型サービスCプログラム終了者

表2−1

平成27年度いきいきトレーニングプログラム別参加者（月別） 3月末現在

	運動	(要支援)	栄養	(要支援)	口腔	(要支援)	認知	(要支援)	参加者計	(要支援)
10月	5	0	0	0	0	0	3	0	8	0
11月	31	0	0	0	2	0	9	0	42	0
12月	29	2	0	0	1	0	12	0	42	2
1月	17	3	0	0	5	0	10	0	32	3
2月	18	1	0	0	0	0	5	0	23	1
3月	14	6	0	0	6	0	5	1	25	7
合計	114	12	0	0	14	0	44	1	172	13

いきいきトレーニング終了者

27年度	向上	改善	維持	維持せず	合計
運動	32	20	18	9	59
栄養	0	0	0	0	0
口腔	3	3	0	0	3
認知	9	7	8	2	19
合計	44	30	26	11	81

向上−1つでも減った人
改善−該当でなくなった人
維持−結果が変わらない人
維持せず−該当より数字が増えた人

図2−5

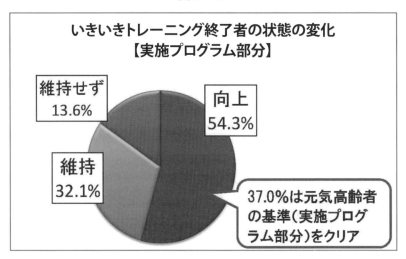

出典:松戸市高齢者支援課集計(平成28年3月末現在)

は平成28年度3月末時点で81名です。生活機能の改善状況は、プログラム終了者のうち37.0%が実施プログラムの判定基準をクリアするまで機能が向上しています。

また、通所型サービスC実施前後を比較し、実施プログラムの基準は関係なく、該当項目が1つでも減り、少なくとも機能の向上がみられた人は54.3%と通所型サービスCプログラム終了者の半数以上に機能の向上がみられる結果となっています。さらに、プログラム終了後(平成28年2月末現在)、従前相当通所介護サービス利用者は、利用予定者2名を含む6名となっています。つまり、プログラム終了者の9割について、機能が維持向上し、従前相当通所介護サービス以外のインフォーマルサービスやセルフケアによる自立支援につながっている状況です。

② 通所型サービスCの終了後の体制について

通所型サービスCは利用期間が定められており、その利用期間で維持・向上できた生活機能を持続できる支援が必要です。

通所型サービスC利用終了後は、利用者自身が機能の維持、向上に主体的に取り組むことが必要となりますが、支援者としては利用者の状態像を捉え、本人の持つ能力を見極め、終了後にどのような方向性を目指すことで維持向上した機能を持続できるかを利用者と主に考え、マネジメントしていく必要があります。

松戸市の通所型サービスCプログラム終了後の、つなぎ先は以下のとおりです。

ア 地域包括支援センターが主催する介護予防教室の利用

地域包括支援センターが主催する介護予防教室は一般介護予防事業として

月に1~2回の体操を中心とした教室ですが、通所型サービスCの終了後、定期的に通う場としても活用されています。

地域包括支援センターが主催する教室のため、専門職がかかわっており、利用中止・無断欠席等、利用者の変化に気が付きやすい体制にあります。

さらに、介護予防手帳を組み合わせることによって、利用状況を地域包括支援センターに確認してもらうことで、一人ではなく専門職もかかわってくれているという気持ちが生まれ、セルフケア能力の維持向上が図られると考えられます。

また、終了後のつなぐ先として介護予防教室を考える場合、ケアマネジメントとして介護予防教室に単に通うことだけではなく、主催する地域包括支援センターのボランティアとしての役割があることが利用者にとって機能の維持向上の継続に有効と考えられる場合は、利用者本人や地域包括支援センターと相談することも必要です。

イ 通所型サービスCを終了した事業所でのサービスの利用

通所型サービスCを終了した事業所は概ね3か月間通った場で、かつ仲間もできた場であるため、そこに再び継続的に通えることは、維持向上した機能を持続させるには適した場であるといえます。

事業所における具体的な内容は、体操教室の開催やマシン等の利用、OB会のための場の提供などがあります。また、利用者の状態によっては、通所型サービスCのボランティアスタッフとしての参加や利用者の特技を生かした関連施設でのボランティア活動もあります。このように終了者に役割があることが本人のセルフケア能力の向上につながるとともに、後から通所型サービスCを利用する者のセルフケア能力の向上にも影響することが予測されます。

ウ 地域の通いの場

町会や地区社会福祉協議会が開催するサロンや教室も利用者の地域の身近な通いやすい場の一つとして考えられます。住み慣れた地域の町会や近所であることが多く、知り合いも多く、また送迎等の交通機関の心配をすることが少なく、継続的に通える場として適しています。

また、平成28年3月よりモデル的に実施している住民主体型の「通所型元気応援くらぶ」は市内に22か所（平成28年3月現在）あり、65歳以上の方が気軽に出かけ、人とのふれあいや元気づくりができる場であり、通所型サービスCを終了し、維持向上した機能を継続させる場として適しているといえ

図2-6 卒業後の道筋

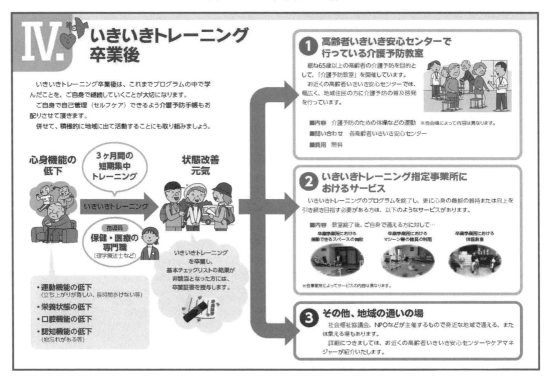

松戸市パンフレットより

ます。
③ 松戸市の通所型サービスCの課題
　ア　利用者が少ない

　　　松戸市の事業対象者数は、平成28年2月末現在、1,109名ですが、通所型サービスC利用者は内13.1%と少ない状況です。また、要支援1・2の認定者のうちサービス利用者は平成28年1月現在2,196名ですが、通所型サービスC利用者は内2.7%という状況です。

　イ　概ね3か月の短期集中プログラムが利用しにくいとの意見

　　　通所型サービスCは生活機能の維持向上を目指しているため、概ね3か月間の短期集中のプログラムを実施していますが、従前相当通所介護サービスと比較すると、これまで以上に自立を目指したサービスと卒業を見据えた支援が必要となります。そのため、地域包括支援センターやケアマネジャーからは、サービスが利用しにくい、対象者の選定が難しいといった意見が多くあります。

ウ　通所型サービスCの終了後も機能維持に取り組める体制づくりが必要

　通所型サービスCの利用により、機能の維持向上が図れた場合であっても、その後の生活によって、特に高齢者であることを踏まえるとその機能が悪化することは十分予測されます。そのため、本人のセルフケアの能力の見極めや地域での通所型サービスCの終了後も機能維持に取り組める工夫、配慮が非常に重要といえます。

　地域の事業所や関係者等に、通所型サービスCについての説明を行い、地域で機能維持に取り組む必要性や状況悪化を見逃さない体制として、利用者に利用中止・無断欠席などの変化が生じた場合は連絡ができる仕組みも重要といえます。

　この場合、住民主体のサービスの利用または地域の介護予防活動等へ参加できるようケアマネジメントCを実施し、単にサービスを当てはめるのではなく、利用者の自立支援に資するよう、心身機能の改善だけではなく、地域の中で生きがいや役割を持って生活できるような居場所に通い続ける支援が必要といえ、今後も地域の事業所や関係者等への説明や連携が必要といえます。

④　通所型サービスCの今後について

　通所型サービスCについては課題が多く、中でも利用促進については、特に地域包括支援センターやケアマネジャーの事業への理解は必須です。

　松戸市では、事業実施前には事業説明会を実施、事業実施後は研修会を開催しています。

　また、通所型サービスCを実施する各指定事業者のサービス内容を市のホームページから確認できるよう紹介チラシを掲載し、さらに事業紹介のためのDVDやパンフレットを作成し、通所型サービスCの理解促進を図っています。

　しかし、通所型サービスCの事業が進む中で、地域包括支援センターやケアマネジャーだけではなく、市民への普及啓発も必要であることを実感しています。

　今後も地域包括支援センターやケアマネジャー等、関係機関の協力を得ながら、高齢者自身が、地域で何らかの役割を果たせる活動を継続し、地域の中で生きがいや役割を持っていきいきと生活できる地域を目指していくことが必要といえます。

　また、今後実施を予定している訪問型サービスCと連動し、より効果的な機能低下予防を目指していくことも必要といえます。

表2-2 (松戸市通所型サービスCに係るサービス事業支給費の額等及び指定事業者の指定基準を定める要綱より抜粋)

プログラムごとの目的、対象となる利用者、従業者、具体的な実施方針等

(1) 運動器の機能向上プログラム

項目	内容	
目的	日常生活を維持改善するために必要な身体運動に気づき、運動の実施やその知識を得ることで、運動器の機能を改善し、自立した生活を送り続けられるように支援を行う。	
対象となる利用者	基本チェックリスト判定様式に掲げる②の基準に該当する居宅要支援被保険者等 ※判定様式①のみ該当要サービス者についても、対象とすることが可能。	
プログラム概要	骨折予防及び膝痛・腰痛予防や痛みの改善など加齢に伴う運動器の機能低下の予防・向上を図る観点から、ストレッチ、有酸素運動、簡易な器具を用いた運動等を行う(機器を使用しない機能的トレーニングも可能。)。	
専門スタッフの要件	医師、保健師、看護師、准看護師、理学療法士、作業療法士、言語聴覚士、柔道整復師、あん摩マッサージ指圧師、健康運動指導士、介護予防指導士、介護予防運動指導員又は介護予防主任指導員であること	
AED担当者の要件	救急法及びAED使用法の講習を受講した者であること	
1回当たり利用人数(概ねの目安)	10～15人程度	
実施期間	3か月間程度	
実施回数・時間	週1回又は週2回(計24回) 1回当たり2時間程度 ※実施期間は、原則として3か月程度を想定しているため、基本的には週2回程度の実施になると想定される。	
実施内容	以下のア～エのプロセスに沿って実施する。	
	ア 専門スタッフによる事前アセスメント	専門スタッフは、プログラム開始前に利用者の心身機能の把握及び身体機能を踏まえたプログラム実施に係るリスク評価を行うとともに、関連するQOL等の個別の状況についても評価・把握する。
	イ 個別介護予防プランの作成	専門スタッフは、アセスメント結果を踏まえ、個別の利用者ごとのプログラム内容、実施期間、実施回数等を記載した個別介護予防プランを作成する。その際、実施期間については3か月間程度とし、利用者の負担とならず、かつ、その効果が期待できるスケジュールを設定する。また、一定期間ごとに一定の目標を定め、利用者の状況に応じて、過度の負担がかからないようにプログラムを設定する。
	ウ 運動等の実施	専門スタッフは、個別介護予防プランに基づき運動(ストレッチ、有酸素運動等)を実施する。なお、1日のプログラムの中に、セルフケアのための学習時間を入れること。
	エ 専門スタッフによる事後アセスメント	専門スタッフは、プログラムの終了時に、参加状況、目標の達成度、身体機能、関連するQOL等を評価する。
留意事項	ア プログラムが安全に行われるよう、主治医との連携の上で実施すること。 イ 安全管理マニュアルを整備し、常に事故防止のため十分な注意を払うとともに、利用者の安全性を十分に考慮し、緊急時にも対応できるよう体制を整備すること。 ウ プログラムの実施及び評価に当たっては、『運動器の機能向上マニュアル』(厚生労働省、平成24年改訂版)をはじめとする文献、学術的又は一定程度その効果が把握されている資料等を参考とすること。	

2．通所型サービスCについて

(2) 栄養改善プログラム

項　目	内　　容
目　的	食べることを通じて、低栄養状態の予防や改善を図るとともに、いつまでも「食」を楽しみ、自立した生活を送って、生活の質を高められるように支援を行う。
対象となる利用者	基本チェックリスト判定様式に掲げる③の基準に該当する居宅要支援被保険者等 ※判定様式①のみ該当要サービス者についても、対象とすることが可能。
プログラム概要	高齢者の低栄養状態を早期に発見するとともに、「食べること」を通じて低栄養状態を改善し、高齢者の自立支援のひとつとしての「個別的な栄養相談」、「集団的な栄養教育」等を実施する。
専門スタッフの要件	管理栄養士であること
1回当たり利用人数 （概ねの目安）	概ね10人程度
実施期間	3か月間～6か月間程度（可能な限り、3か月間程度とすること）
実施回数・時間	6～8回程度（計8回を限度） 1回当たり2時間程度
実施内容	以下の(ｱ)を実施した後、「以下のアの単独実施」又は「以下のアとイの双方を同時に実施」のいずれかの形態によって実施。なお、アについては、以下の(ｲ)～(ｴ)のプロセスに沿って実施する。
	(ｱ) 管理栄養士による事前アセスメント： 管理栄養士はプログラム開始前に、利用者に対して身長、体重等の身体計測を行うとともに、食事摂取状況、アレルギー状況等を把握し、低栄養状態のリスクに係る評価を行う。
	ア　個別的な栄養相談（10人程度の小グループ）
	(ｲ) 利用者本人による栄養改善のための計画作成の支援： 管理栄養士は、アセスメント結果及び利用者の意向を踏まえ、栄養改善の観点から必要となる栄養量や日常の食事の形態など、配慮すべき事項について説明し、当該説明を踏まえ利用者が行う計画づくりを支援する。当該計画は、可能な限り3か月間程度の計画とし、計画期間中に個別的な栄養相談を6～8回程度組み込むとともに、栄養改善に向けた食事に関する目標を定めることとする。
	(ｳ) 情報提供： 管理栄養士は、利用者による計画の実施に当たり、利用者の低栄養状態を改善するため、地域における食事作りの会や食事会等を提供しているボランティア組織の紹介、高齢者の食事作りに便利な器具、栄養改善に有効な食品の購入方法等に関する情報提供を行う。
	(ｴ) 管理栄養士による事後アセスメント： 管理栄養士は、計画終了時に、利用者の目標達成度、低栄養状態の改善状況等を評価する。
	イ　集団的な栄養教育 介護予防のための栄養改善の知識経験を有する専門家等により、「食べることの意義」、「栄養改善のための自己マネジメントの方法」、「栄養改善のための食べ方、食事作りと食材の購入方法」、「摂食・嚥下機能を含めた口腔機能の向上等に関連すること」等に関する講義又は実習を実施する。
留意事項	ア　プログラムの実施に当たっては、一方的な「指導」とならないよう、それぞれの地域の実情に応じ、独自に実施方法の工夫を行うことが必要である。 イ　調理実習等を実施する場合の食材料費・調理費相当分の費用については、基本的には、利用者から支払を受けること。 ウ　栄養改善プログラムの実施及び評価に当たっては、『栄養改善マニュアル』（厚生労働省、平成24年改訂版）をはじめとする文献、学術的又は一定程度その効果が把握されている資料等を参考とすること。

(3) 口腔機能向上プログラム

項　目	内　容
目　的	口腔機能の維持・改善を通じて、いつまでも、おいしく、楽しく、安全な食生活の営みができるよう支援を行う。
対象となる利用者	基本チェックリスト判定様式に掲げる④の基準に該当する居宅要支援被保険者等 ※判定様式①のみ該当要サービス者についても、対象とすることが可能。
プログラム概要	高齢者の摂食・嚥下機能の低下を早期に発見し、その悪化を予防する観点から、口腔機能向上のための教育や口腔清掃の自立支援、摂食・嚥下機能訓練の指導等を実施する。
専門スタッフの要件	歯科医師、保健師、医師、歯科衛生士、看護師、准看護師又は言語聴覚士であること。
1回当たり利用人数 （概ねの目安）	概ね10人程度
実施期間	3か月間程度
実施回数・時間	月1回〜2回程度　（計6回） 1回当たり45分〜60分程度
実施内容	以下のア〜エのプロセスに沿って実施する。 ア　専門スタッフによる事前アセスメント：専門スタッフは、プログラム開始前に対象者の口腔機能の状態の把握、評価を行う。 イ　個別介護予防プランの作成：専門スタッフは、アセスメント結果を踏まえ、個別の利用者ごとのプログラム内容、実施期間、実施回数等を記載した個別介護予防プランを作成する。 ウ　プログラムの実施：専門スタッフは、以下の(ｱ)〜(ｵ)の内容を含むプログラムを実施する。 (ｱ)　口腔機能の向上教育 (ｲ)　口腔清掃の指導 (ｳ)　摂食・嚥下機能に関する機能訓練の指導 (ｴ)　セルフケアプログラムの策定 (ｵ)　セルフケアプログラム実施に当たっての指導 　※セルフケアプログラムには、口腔清掃の実施、日常的にできる口腔機能の向上のための訓練（「健口体操」等）の実施等、居宅において利用者が日常的に実施すべき内容を盛り込む。 エ　専門スタッフによる事後アセスメント：専門スタッフは、計画終了後に、利用者の目標の達成度、口腔機能の状態等を評価する。
留意事項	ア　プログラムが安全に行われるよう、主治医との連携の上で実施すること。 イ　安全管理マニュアルを整備し、常に事故防止のため十分な注意を払うとともに、利用者の安全性を十分に考慮し、緊急時にも対応できるよう体制を整備すること。 ウ　口腔機能向上プログラムの実施及び評価に当たっては、『口腔機能の向上マニュアル』（厚生労働省、平成24年改訂版）をはじめとする文献、学術的又は一定程度その効果が把握されている資料等を参考とすること。

(4) 認知症予防プログラム

項目	内容
目的	生活活動や趣味活動を増やし、人との交流を図ることで、認知機能を維持・改善し、自立した生活を送り続けられるよう支援を行う。
対象となる利用者	基本チェックリスト判定様式に掲げる⑥の基準に該当する居宅要支援被保険者等 ※判定様式①のみ該当要サービス者についても、対象とすることが可能。
プログラム概要	運動器の機能向上、栄養改善、口腔機能向上のプログラムにあわせて、認知機能低下の予防・支援を目的としたプログラムを提供することにより、認知症の予防を図る。
専門スタッフの要件	医師、保健師、看護師、准看護師、理学療法士、作業療法士、言語聴覚士、柔道整復師、あん摩マッサージ指圧師、健康運動指導士、介護予防指導士又は介護予防主任指導員であること
1回当たり利用人数（概ねの目安）	概ね10人程度
実施期間	3か月間程度
実施回数・時間	週1回又は週2回（計24回） 1回当たり2時間程度 ※実施期間は、原則として3か月程度を想定しているため、基本的には週2回程度の実施になると想定される。
実施内容	以下のア～エのプロセスに沿って実施する。
	ア 専門スタッフによる事前アセスメント / 専門スタッフが、評価ツールを用いて、認知機能を評価する。
	イ 個別介護予防プランの作成 / 認知機能低下予防・支援のために、運動器の機能向上、栄養改善、口腔機能向上のプログラムとあわせて、興味を持って継続できるプログラムが提供できるよう、本人の希望と生活目標の課題分析、期間や頻度等を計画する。
	ウ プログラムの実施 / 運動器の機能向上、栄養改善、口腔機能の向上のプログラムにあわせて、認知機能低下予防・支援を目的としたプログラムを提供する。 (ｱ) 目的型アプローチ 認知機能低下予防・支援に特化した園芸、料理、パソコン、旅行プログラム、ウォーキング、水泳、食生活改善プログラムなど (ｲ) 訓練型アプローチ 日常生活動作訓練、認知機能訓練、記憶訓練、計算訓練、有酸素運動、体操など
	エ 専門スタッフによる事後アセスメント / 事前アセスメントで用いた評価ツールを用いて、比較検討やプランの妥当性の検討を行い、目標の達成度合と客観的状態を評価する。
留意事項	ア プログラムが安全に行われるよう、主治医との連携の上で実施すること。 イ 事故防止のため十分な注意を払うとともに、利用者の安全性を十分に考慮し、緊急時にも対応できるよう体制を整備すること。 ウ 認知症予防プログラムの実施及び評価に当たっては、『認知機能低下予防・支援マニュアル』（厚生労働省、平成24年改訂版）をはじめとする文献、学術的又は一定程度その効果が把握されている資料等を参考とすること。

第3章　具体的な介護予防ケアマネジメント事例

　本章では、具体的な介護予防ケアマネジメント事例をみていくことにします。
　総合事業への移行に際しては、多様なサービスが充分に整備されていないことから「従前相当サービス」を盛り込みがちになりますが、既にあるインフォーマルサービスなど、総合事業の多様なサービスに準じる社会資源の利用も検討することが重要で、それも念頭に介護予防ケアプランを作成していった事例です。
　なお、いずれの事例も実例であり、これが理想的な介護予防ケアプランであるということではありません。各プラン作成者とも、日々、利用者に向き合いながら、「自立支援」に基づくケアマネジメント技術の向上に努めています。

1. 総合事業への移行により支援の考え方が変化した事例

（1）ケース概要
① 氏名など
氏名：鈴木清子（女性：仮名）、年齢：76歳
介護度：総合事業対象者（認定なし）
② 家族構成
　集合住宅（エレベーター付き）で一人暮らしである。夫は6年前に他界。他市に住む息子は会社員で妻子（子供2人）がおり、子供はまだ手がかかる年頃で、協力は限定的になっている。娘は他県に嫁いでおり、年に2回訪問する程度であり、日常的な協力は難しい。ご主人が亡くなってから、同県内に住む6歳上の兄が経済的にも日常的にも協力をしてくれていたが、車の運転ができなくなり協力ができなくなってきた。
③ 生活歴
　福島県生まれ、6歳上の兄がいる。18歳で上京し25歳で結婚、一男一女をもうける。ご主人と一緒に自営業（小料理屋経営）で仕事をしながら子供を育て上げる。70歳の時に、ご主人が他界すると同時に仕事を辞め、現在の集合住宅に転居してきた。

現在住んでいる集合住宅内では近所付き合いは少ないが、自治会の活動を通して何人か友人ができた。自ら外出はしないが、もともと社交的な性格なので、自営業をしていた頃の友人が時折遊びに来てくれる。

④ 主な病名と経過

55歳の時に糖尿病の診断を受け、それ以降服薬治療を行っているが、検査の結果はあまりよくない。70歳を過ぎた頃から変形性膝関節症を発症し手術を勧められているが、糖尿病の既往のため、経過観察の状態である。本人は友人の噂などを聞き、手術には消極的である。

膝の痛みのため、歩行は不安定であり外出も少なくなり、家事等は自立しているが、活動が不活発になってきている。内科への通院は月1回、整形外科への通院は3か月に1回。

(2) ケース経過

① 総合事業サービスを利用するまでの経緯

民生委員から相談があり、ゴミ出しの時に転倒して困っている方がいるので介護申請を行い相談にのって欲しいとの依頼あり。

訪問してアセスメントを実施したところ、とても自立心が強く、自分のことは自分で行いたいとの希望があり、他人(ヘルパー)をあまり家にあげたくないとの話があった。ゴミ出しくらいで朝早くヘルパーさんに来てもらうのは申し訳ないし、他に頼むことはないとのこと。自治会の集まりの時に「ゴミ出しに困っている」と話をしたら、同じ階の友人から「ついでに捨ててくれる」との申し出があり、週1回生ゴミの日のゴミ出しはお願いしている。

買い物については、以前は近所のスーパーまで買い物に行くことができたが、膝の痛みや歩行の不安定さから最近は行かなくなり、以前から行っていた宅配サービスの比重を重くすることで、買い物に関しては問題がない状態である。ただし、やはり自分でスーパーに行って、商品を選んで購入をしたいとの希望がある。

掃除については、一人暮らしなのでゆっくり掃除機や粘着式カーペットクリーナーを使用している。風呂掃除は入浴時に毎回掃除を行っているが、かがみにくいので掃除をしづらい場所があり、少しずつ汚れがたまってきているので困っているとの話があった。

② サービス利用の現状

できないことが少しずつ増えていったが、宅配サービスを利用したり、家事を

工夫することで、介護保険サービスを利用してこなかった。転倒したことで、本人の不安が増加し民生委員の目に留まることになり、サービスの検討を行うことになった。本人の自立心が強く、前向きな気持ちが強いので、定期的な訪問介護を入れるのではなく、自分のペースで市の高齢者福祉サービスを利用することにした。ただし、転倒の不安から、一人での外出を控えるようになっており、筋力の低下・糖尿病の悪化等が懸念される。

買い物に関しては、民間の宅配サービスの利用と通院時の帰りに息子さんによる買い物同行で対応している。

風呂場の掃除に関しては、定期的な訪問型サービスを利用するのではなく、自分のペースで市の高齢者福祉サービスを利用することにした（2～3か月に1回程度）。

通所型サービスについては、自分で買い物に行けるようになりたいという強い気持ちがあり、筋力の維持・向上、糖尿病の悪化防止のため、「近所のスーパーに一人で買い物に行くことができること」を目標に、機能訓練重視型の半日の通所サービスを利用。

（3）支援ポイントと今後の課題
① 要介護認定のプロセスを踏まなかった理由

当初の相談内容は、民生委員から「要介護認定申請の支援をして欲しい」との依頼であったので、今までであればすぐに認定申請を行い、ヘルパーを入れることでゴミ出し・掃除・買い物に関する支援を行っていた。

しかし、アセスメントを行い、本人が工夫をしながらできるだけ他人の世話にならずに自分でできることを行っていこうという気持ちが見えたこと、本人に必要な支援内容がはっきりしていたこと、市の在宅高齢者向け保健・福祉サービス等の情報を収集していたことで、要介護認定申請ではなく、通所サービスの利用のために総合事業対象者として申請を行うことにした。

② 今後の自立支援や多様なサービスの可能性について

通所型サービスについては、3か月ごとに評価を行い、安心して近所のスーパーに買い物に行くことという目標を達成し、自宅でできる運動プログラムを習得することで、いったん終了する方向で考えている。

市の在宅高齢者向け保健・福祉サービスについては、必要時に不定期に利用を継続していく。

友人による支援は、歩行状態が安定すれば自分でもできると思われるので、状態を見ながら、自分で行う方向で考えている。家族には家族の生活があり大変であるが、通院に関する支援は継続していく。

介護予防サービス・支援計画書 (1)

利用者名 鈴木清子 (仮名) 様　生年月日　年　月　日　被保険者番号

(初回)・紹介・継続　認定済・申請中　要支援1・要支援2　◯地域包括支援事業

計画作成者氏名 ○○ ○○

計画作成(変更) 年　月　日　(初回作成日)　年　月　日　計画作成事業者・事業者名及び所在地　担当地域包括支援センター：◯地域包括支援センター

認定年月日　年　月　日　認定有効期限　年　月　日～　年　月　日

目標とする生活

1日	起床時30分運動を行う。	1年	800m離れたスーパーに買い物に行くことができる。

アセスメント領域と現在の状況	本人・家族の意欲・意向	領域における課題 (背景・原因)	総合的課題	課題に対する目標と具体策の提案	具体策についての意向 本人・家族
運動・移動について 膝痛があり、室内は伝い歩き、室外は杖またはシルバーカーを利用し、休みながら歩いている。長い距離は歩けず、1か月に1回程度100m先のコンビニにしか外出はしない。	本人：何度か転倒しており、外出に不安がある。長い距離を歩けるようになってしまうのは困る。 長男：転倒して怪我をしては困る。	■有 □無 変形性膝関節症による膝痛のため、歩行が不安定で何度か転倒をしている。長い距離を控えるようになって、外出を控えるようになってさらに下肢筋力が低下して早朝のテレビ体操は行っている。	1. 外出する機会がほとんどなく、筋力の低下による歩行能力の低下が懸念される。転倒の危険性が非常に高い。	1. 目標：転倒しないよう筋力をつける。 具体策： ①筋力を向上させるための運動を行う。 ②早朝のテレビ体操は継続する。	本人：テレビ体操は毎日行っており、運動の仕方をきちんと教えていただければ、自分で毎日行う。 長男：自分で出かけることができないので、筋力が向上して、外出できるようになると安心してもらえる。
日常生活 (家庭生活) について 一人暮らしで、家事は工夫しており自分で行っている。長い距離は買い物に行くことができないので宅配サービスを利用している。風呂場の掃除は入浴時にかがむ動作は難しいので、掃除しづらく手伝ってほしい。ゴミ出しの時に転倒してから一人で行くのが不安になっている。	本人：できる限り自分でゆっくり時間をかけて行っていきたい。他人の世話にはなりたくない。できない部分だけ手伝って欲しい。 長男：家事の支援は難しい。	■有 □無 買い物は宅配サービスを利用しているが、自分の目で見て選びたいとの希望がある。一番近いスーパーまで800mあり、最近は行くことができない。風呂掃除は細かい部分の掃除ができない。ゴミ出し時に転倒してからゴミ出しが不安である。	2. 風呂掃除は、入浴時に手の届く範囲で行っているが、湯船の奥などはきれいに掃除ができず、ゴミ出し時に転倒してしまうのではないかと不安がある。	2. 目標：できる限り家事は自分で行う。 具体策： ①かがむことができず、掃除ができない部分は支援を受ける。 ②重いゴミの日は支援を受ける。	本人：他人にお願いするのは申し訳ないと思うが、少し手伝っていただくと助かる。かがむことは今までも自分で行っていく。 長男：受診時に送迎を行う以外は支援できないので、支援していただけると助かります。
社会参加、対人関係・コミュニケーションについて 月1回自治会の絵手紙教室に参加している。自分では外出できないので、友人が時折お見えになり、友人が時折訪問してくださっている。息子は他市に住んでおり、月1回の受診時には付き添ってくれることが多い。	本人：今まで通り自治会や友人との付き合いを続けていきたい。 長男：受診時に付き添いは継続していきたい。	□有 ■無 自分から友人宅を訪れることはできないが、友人はできる範囲で近隣に住む家族ももでき協力してくれている。			
健康管理について 定期的に受診を行っており、服薬管理はできている。変形性膝関節症、糖尿病の検査の結果、食生活には気を付けているようだけど、これ以上悪くならないように気を付けていきたい。息子は通院時はタクシーまたは自宅で入浴を付き添ってもらいたい。	本人：これ以上悪くならないように気を付けていきたい。 長男：一人暮らしだけど服薬はきちんとできているようなので、経過観察していきたい。	□有 ■無 食事には気を付けており、きちんと服薬もしている。			

健康状態について (主治医意見書、健診結果、観察結果、受診結果等を踏まえた留意点)

変形性膝関節症の痛みのため、歩行が不安定であり、転倒に注意が必要である。

必要な事業プログラム

運動不足	栄養改善	口腔内ケア	閉じこもり予防	物忘れ予防	うつ予防
5/5	0/2	1/3	2/2	0/3	2/5

(注) 以下の様式は松戸市で使用しているもので、標準様式とは異なります。

1．総合事業への移行により支援の考え方が変化した事例

介護予防サービス・支援計画書（2）

利用者名　鈴木清子（仮名）様　　被保険者番号　　　　　生年月日　年　月　日

支援計画

目標	目標についての支援のポイント	本人等のセルフケアや家族の支援、インフォーマルサービス	介護保険サービスまたは地域支援事業	サービス種別	事業所	期間
1．筋力を向上し、800m先のスーパーまで買い物に行くことができる。	(1) 専門的なスタッフに支援をしてもらいながら、安全な環境で運動を行う。	本人：テレビ体操を継続する。教えていただいた運動を自宅で行う。長男：一人で外出ができるようになるまでは、時折買い物の支援を行う。	健康チェックマシン運動運動器機能向上プログラム	従前相当通所型サービス	○○デイサービスセンター	平成28年4月1日～平成28年6月30日
2．できる限り家事は自分で行い続ける。	(2) 訪問介護のような定期的な訪問ではなく、汚れが気になってきた時に不定期に支援を依頼する。	本人：入浴時にできる範囲内で風呂掃除は自分で行う。	本人ができない部分の風呂掃除	○○市在宅高齢者向け保健・福祉サービス	シルバー人材センター	平成28年4月1日～平成28年6月30日
	(3) 絵手紙教室の友人が週1回なら、ついでにゴミ出しを行ってくれる。	本人：生ゴミ以外のゴミは軽く頻度が多くないので、自分で行う。友人：週1回、ついでにゴミ出しを行う。			友人	平成28年4月1日～平成28年6月30日（週1回月曜日）

【総合的な援助方針】
（生活不活発病の改善・予防のポイント）
病気の治療を継続しながら、生活が不活発にならないように定期的に運動を行う習慣をつけていきましょう。

地域包括支援センター
【意見】
【確認印】

【本来行うべき支援が実施できない場合】
（妥当な支援の実施に向けた方針）

【計画に関する同意】
介護予防サービス・支援計画書について同意いたします。
平成　年　月　日　氏名

第3章　具体的な介護予防ケアマネジメント事例

基本チェックリスト(鈴木清子:仮名)

No.	質問項目	回答 (いずれかに○を お付け下さい)	
1	バスや電車で1人で外出していますか	0.はい	1.いいえ
2	日用品の買物をしていますか	0.はい◯	1.いいえ
3	預貯金の出し入れをしていますか	0.はい◯	1.いいえ
4	友人の家を訪ねていますか	0.はい	1.いいえ◯
5	家族や友人の相談にのっていますか	0.はい	1.いいえ◯
6	階段を手すりや壁をつたわらずに昇っていますか	0.はい	1.いいえ◯
7	椅子に座った状態から何もつかまらずに立ち上がっていますか	0.はい	1.いいえ◯
8	15分位続けて歩いていますか	0.はい	1.いいえ◯
9	この1年間に転んだことがありますか	1.はい◯	0.いいえ
10	転倒に対する不安は大きいですか	1.はい◯	0.いいえ
11	6カ月間で2～3kg以上の体重減少がありましたか	1.はい	0.いいえ◯
12	身長　148ｃm　体重　65　kg　（BMI＝　29.7　）（注）		
13	半年前に比べて固いものが食べにくくなりましたか	1.はい	0.いいえ◯
14	お茶や汁物等でむせることがありますか	1.はい	0.いいえ◯
15	口の渇きが気になりますか	1.はい◯	0.いいえ
16	週に1回以上は外出していますか	0.はい	1.いいえ◯
17	昨年と比べて外出の回数が減っていますか	1.はい◯	0.いいえ
18	周りの人から「いつも同じ事を聞く」などの物忘れがあると言われますか	1.はい	0.いいえ◯
19	自分で電話番号を調べて、電話をかけることをしていますか	0.はい◯	1.いいえ
20	今日が何月何日かわからない時がありますか	1.はい	0.いいえ◯
21	(ここ2週間)毎日の生活に充実感がない	1.はい	0.いいえ◯
22	(ここ2週間)これまで楽しんでやれていたことが楽しめなくなった	1.はい	0.いいえ◯
23	(ここ2週間)以前は楽にできていたことが今ではおっくうに感じられる	1.はい◯	0.いいえ
24	(ここ2週間)自分が役に立つ人間だと思えない	1.はい	0.いいえ◯
25	(ここ2週間)わけもなく疲れたような感じがする	1.はい◯	0.いいえ

（注）BMI＝体重（kg）÷身長（m）÷身長（m）が18.5未満の場合に該当とする。

1．総合事業への移行により支援の考え方が変化した事例

松戸市版アセスメントシート　　氏名　鈴木　清子（仮名）

分類	No.	項目	選択肢	特記・課題等
運動・移動について	1	（イスからの）立ち上がり	1)できる　**2)つかまれば可能**　3)できない	歩行時は杖またはシルバーカーを使用。速度はゆっくりで、不安定。転倒してから、一人で外出するのが不安で、ほとんど外出していない。
	2	何かにつかまらずに歩く(5m)	1)できる　**2)つかまれば可能**　3)できない	
		信号が変わる前に横断歩道を渡りきる	1)できる　**2)何とかできる**　3)できない	
	3	片足立ち(1秒)	1)できる　**2)つかまれば可能**　3)できない	
	4	外出手段　日用品を買う店まで	1)行ける(手段　)　2)誰かに頼む　**3)行けない**	
		病院等に行くときは	**1)行ける(手段：家族の車またはタクシー)**　2)誰かに頼む　3)行けない	
日常生活（家庭生活）について	5	食事回数	**1)3食/日**　2)2食/日　3)1食/日　4)その他(　食/日)	家事はゆっくり行う。台所に長時間立つのはつらいので、テーブルに座って、食材を切る。かがんで行う掃除は難しい。ゴミ出し時に転倒してから、ゴミ出しに行くのが不安。スーパーまで買い物に行くことはできず、宅配サービスを利用。
	6	調理	**1)できる**　2)行っていないが能力はある　3)一部できる　4)できない	
	7	掃除	1)できる　2)行っていないが能力はある　**3)一部できる**　4)できない	
	8	洗濯	**1)できる**　2)行っていないが能力はある　3)一部できる　4)できない	
	9	ごみ出し	1)できる　2)行っていないが能力はある　**3)一部できる**　4)できない	
	10	買い物	1)できる　2)行っていないが能力はある　3)一部できる　**4)できない**	
	11	金銭管理	**1)できる**　2)行っていないが能力はある　3)一部できる　4)できない	
社会参加・対人関係・コミュニケーションについて	12	1日誰と過ごすことが多いか	1)家族・友人等　**2)ほとんど一人で過ごす**	現住所に引っ越してきたのが、6年前なので、自治会でできた友人が数人いる。時折、友人がお茶のみに来てくれる。息子は月1回通院に付き添ってくれる程度。
	13	外出する頻度（通院以外）	1)　回/週　**2)ほとんど外出しない**	
	14	親戚・友人と会う・連絡とる頻度	1)　回/週　**2)ほとんどない**	
	15	身の回りの乱れ・汚れへの配慮	**1)気にしている**　2)気にならなくなった	
	16	情緒が不安定になることの有無	**1)ない**　2)情緒が不安定になることがある	
	17	一人きりになることへの不安	**1)ない**　2)一人になることが不安である	
健康管理について	18	医師からの運動制限	1)ない　**2)運動を制限されている**	糖尿病の数値があまりよくないので医師からは運動するように言われているが、膝痛があり、外出の機会も減っており、不活発な生活を送っている。お風呂場にはもともと手すりがついており、問題はない。
		その他医師からの注意	1)ない　**2)注意を受けている**	
	19	年1回の健康診査の受診	**1)受けている**　2)受けていない	
	20	現在の健康状態	1)よい　2)まあよい　3)普通　**4)あまりよくない**　5)よくない	
	21	睡眠の状態	1)よく眠れる　**2)眠れないことがある**(睡眠薬服用　有　**無**)	
	22	服薬管理の状況	**1)指示通り飲める**　2)指示があれば飲める　3)できない	
	23	一人で洗身	**1)できる**　2)何とかできる　3)できない	
	24	一人で浴槽をまたぐ	1)できる　**2)何とかできる**　3)できない	
	25	口腔機能の状況	1)硬いものが食べにくい　2)よくむせる　**3)口が渇く**　4)義歯が合わない	
	26	歯の手入(義歯含む)	頻度(3回/日・週・月)・方法(　歯ブラシ使用　)	
物忘れ等について	27	会話がまとまらない	**1)いいえ**　2)はい	認知機能については問題ない。
	28	物忘れが気になる	**1)いいえ**　2)はい	
	29	電気機器類の操作ができる	**1)できる**　2)迷う　3)難しい	
	30	火の始末は心配ですか	**1)心配ない**　2)心配している　3)消忘れの経験あり	
	31	悪徳商法への注意	**1)注意している**　2)注意していない　3)被害経験あり	

第3章　具体的な介護予防ケアマネジメント事例

鈴木清子（仮名）さんの週間ケアプラン

	月曜日	火曜日	水曜日	木曜日	金曜日	土曜日	日曜日
朝	友人による ゴミ出し支援						
午前				従前相当通所型 サービス		息子による 受診・買い物同行 （月1回）	
午後			宅配サービスに よる配達				
夜							
その他	在宅高齢者向け保健・福祉サービスは2〜3か月に1回必要時						

介護予防支援・サービス評価表

被保険者番号 _____　利用者氏名　鈴木清子（仮名）　殿　　評価日　平成　年　月　日

計画作成者氏名 _____

目標	評価期間	目標達成状況	目標達成/未達成	目標を達成しない原因 （本人・家族の意見）	目標を達成しない原因 （計画作成者の評価）	今後の方針
1. 筋力を向上し、800m先のスーパーまで買い物に行くことができる。	平成28年4月1日〜平成28年6月30日	少し筋力は向上してきており、一人で行くことはできないが、息子に付き添ってもらい、800m先のスーパーまでは行くことができた。	達成			筋力は向上してきており、運動に対しても積極的に取り組んでいる。習ってきた自宅での運動習慣もついている。一人で外出することはまだ不安なので、デイサービスでの運動を継続し、安心して自宅の運動を継続、安心してスーパーに行くことできる筋力をつける。
2. できる限り家事は自分で行い続ける。	平成28年4月1日〜平成28年6月30日	できない部分の支援を受けつつ、自分で掃除やゴミ出しを行い続けた。	達成			

総合的な方針
デイサービスを継続し、自宅で運動する習慣をつける。安全に一人で買い物に行けるように筋力の向上を目指していく。

地域包括支援センター意見

☐ プラン継続　☐ 介護給付
☐ プラン変更　☐ 予防給付
■ 終了　　　　■ 総合事業
　　　　　　　☐ 介護予防一般高齢者施策
　　　　　　　☐ 終了

2. 達成できる短期目標を積み重ね、意欲を引き出していく事例

(1) ケース概要

① 氏名など

氏名：松川みつ江（仮名）　年齢：84歳
要介護度：総合事業対象者（認定なし）

② 家族構成

　昭和25年結婚、義理の父母と夫の兄（身体障害者）と同居。義理の父親は厳しく本人とは不仲であった。その後昭和27年に長女が誕生後、色々と頼っていた義理の母が亡くなった。昭和30年長男が誕生、昭和33年次女が誕生した。その後障害のある夫の兄と義理の父親が亡くなり5人家族となった。子供達がそれぞれ結婚して独立、夫と二人暮らしとなった。夫が亡くなった後一人暮らしをしていたが、8年前息子が離婚し本人と同居となる。長女は近隣に居住、本人との関係は良好で一緒に買い物や外食を楽しんでいる。次女は音信不通である。

③ 生活歴

　兼業農家の男4人女3人の末っ子として生まれる。父親は鉄道員で農場は主に母親、祖父母が担っていた。尋常高等学校卒業後に製糸工場に勤めた。19歳の時に布団の仕立て工場で働いていた夫（23歳）と親に勧められ結婚、夫の両親と障害者の義兄と同居であった。本人はその当時の事は話したがらない。

　20歳の時長女を出産その後長男、次女と3人の子供をもうけた。小さな布団工場を経営し本人は30歳で車の免許を取得し配達を担っていた。3人の子供がそれぞれ独立し、夫が20年前に肺がんのため亡くなり工場は廃業し一人暮らしとなった。8年前に長男は離婚、本人と同居となった。長男は就労のため朝早く出て帰宅は22時頃である。日中独居、半年前まで車を運転して買い物や友人宅を訪問等、活動的に過ごしていた。軽い事故をきっかけに家族の説得を受け運転を止めた。

　本人は「365日運転をしない日はなかった、いずれ運転はできなくなるだろうと思っていたが、もう少し運転がしたかった、車は自分の体の一部だった」と話している。運転を止めてから自宅に閉じこもりがちとなった。

④ 主な病名と経過

平成17年　高血圧（服薬治療）で月に1度定期的に内科を受診している。

平成20年　両膝関節症痛（痛み止めを服用、両膝にサポーターを装着）・骨粗しょう症（自己注射）で月に1回、定期的に整形外科を受診している。
　　　　　坐骨神経痛で年に数回は痛みのため寝たきり状態になる。

神経痛は発症時に受診をしている。

(2) ケース経過

娘より地域包括支援センター窓口に相談があった。

急激に歩行が不安定になり、自宅内移動時のふらつきや、床より立ち上がる時にふらつき、壁に頭をぶつけたりすることがある。入浴時に浴槽へのまたぎができない時がある。足の筋力が衰えているようだ。

以前、車を運転している時は活動的に過ごしていた。現在は自宅でこたつに入りテレビを見て過ごしていることがほとんどである。

包括職員が自宅を訪問し基本チェックリスト、アセスメントを実施。その結果、下肢筋力低下や精神的な意欲の低下が見られると判断した。

そのため、運動器機能向上プログラム、地域活動への参加を提案した。週1回の通所サービスの利用と通所サービスで行った運動を自宅でも自主的に行い、運動習慣を身に付けていただくこととした。老人会への参加の継続、地域の運動教室や多様な地域の活動等の情報提供や参加の促しを行った。

(3) 支援ポイントと今後の課題

① **要介護認定のプロセスを踏まなかった理由**

急激な状態変化(機能の低下)は病気等から来るものではないこと。なぜ機能低下が起こったのか、地域包括内3職種で本人の状態を分析。その結果、不活発な状態が原因ではないかと判断をした。

定期的に専門的な機能訓練を行いつつ、自主的に運動習慣を身に付けることで機能の回復が望めるのではないかと判断。総合事業のプランにトライしていただき、最終目標は事業対象者からの卒業とした。

今後、本人の機能の向上が図れないまたは状態の悪化が見られた場合は適宜、要介護認定申請も提案、検討していく。

② **本人の精神的な意欲の低下に着目**

プラン作成に当たりアセスメントから導き出される課題に対して、単に機能低下があるからと機能向上プログラムで筋力トレーニングを勧めても将来的な課題解決にはならないと考え、アセスメントから、どこに核の課題があるかを探った。

機能低下がなぜ起きたのか。一日中体を動かさずにテレビを見て過ごしている。なぜ、動かないのかを順番に追っていく。そこには本人の精神的な意欲の低下があることが見える。

また、未だ車の運転に対しての未練が残されていることがわかる。運転を止めたことを納得できていない。本人の気持ちに沿い、納得していただく必要があると考えた。そこには家族の協力が不可欠である。また、その作業を行うことでより家族のきずなが深まった。

　本人の辛い思いに寄り添い、車がなくても活動的に過ごせる方法があること、それは機能向上が図れれば可能であることを時間をかけて理解していただく作業が必須である。活動的に過ごしていた本人を取り戻すことを長期目標に立て、達成できる短期目標の積み重ねの先にある長期目標達成に向け、本人、家族、支援者とそれぞれの立場で協働することが必要と考えた。

介護予防サービス・支援計画書 (1)

利用者名 松川みつ江(仮名) 様　生年月日　年　月　日　　☑初回・紹介・継続　　認定済・申請中　　要支援1・要支援2　☑地域支援事業

計画作成者氏名 ○○○○

計画作成(変更)日　年　月　日　(初回作成日　年　月　日)　被保険者番号 ○○○○○　担当：○地域包括支援センター

計画作成者・事業者・事業者名及び所在地　認定年月日　年　月　日　認定有効期限　1年　年　月　日～　年　月　日

目標とする生活		
1日 買い物、掃除、食事の準備をする。		1年 安全にバスを乗り継ぎ外出ができる。

アセスメント領域と現在の状況	本人・家族の意欲・意向	領域における課題(背景・原因)	総合的課題	課題に対する目標と具体策の提案	具体策についての意向 本人・家族
運動・移動について 屋外はシルバーカーや杖を使用し屋内は壁や家具につかまりながら移動している。手を付きながら移動しないと事故が心配なので家族としては運転して欲しくない。半年前までは車を運転していたが、今では近所以外の外出の機会が減少している。買い物も日常的に車を運転していたが、今は月に数回程度しか行けていない。近隣の店に買い物に行くには歩いて行くことができるが、毎日歩く体力がない。体を動かす機会がほとんどなくなってきている。入浴時浴槽の出入りに足が引っかかり転倒しそうになる。	本人：車を運転して自由に色々な所に行きたいが家族が心配するので事故が心配なので運転して欲しくない。	☑有 □無 車の運転を止めてから急に気持ちが沈みがちになり、外出や活動の機会が減少した。家でテレビを見て過ごすことが多くなり、買い物の際も店内を移動するときや立ち上がる時につかまる所でつまづくことがある。居室内で何もない所で足がふらついたり転倒する危険性が高い。	1.意欲低下があり運動もせず一日中テレビを見て過ごしている。椅子に座ることが多く、転倒の危険性が高い。	1<目標> 下肢筋力をつけてバスを乗り継ぎ2キロ先のスーパーまで買い物に行くことができるようになる。 <具体策> ・テレビ体操を無理のない程度に毎日行う。 ・毎日15分間は外に出て散歩するように努める。 ・家族の見守りを受けて買い物に行ってみる。	<本人> 安全にバスに乗って買い物に行ける体力を付けるために運動を頑張って行きたい。 <家族> 休みの時には一緒に散歩をしたり、外出の機会をつくっていきたい。
日常生活(家庭生活)について 調理は椅子に座り行っている。掃除は、掃除機が使えないため家事手伝いをしているが、息子夫婦が現在は同居の息子夫婦が家事は現在同居している娘が引き受けて行っている。	本人・家族は今まで同様に自分のことは自分でやれるよう手助けして欲しい。できなくなってからも本人ができる事はやってもらい無理は伝えようと思っている。	□有 ☑無 立っていられないため調理の食材切り等座ってできる事を行っているが、現状では掃除機が使えない。また、家事は娘や家族が行っている場合が多く、洗濯物を干したりたたんだり、買い物の日は家族と一緒に行っている。	2.入浴時浴槽をまたぐときに足に力が入らず転倒しそうになる時がある。	2<目標> 下肢筋力をつけ入浴時に浴槽をまたぐ時に安全にまたぐことができる。 <具体策> 毎日、下肢筋力を強化するための運動を時間を決めて行ってみる。	<本人> 足に力が付けば浴槽のまたぎができると思うので、毎日運動をやりたいと思う。 <家族> 入浴時に見守りしていますが帰宅が遅いので安全のため一人で入浴せず家族が帰宅してから入浴する時間をつくってもらいたい。
社会参加、対人関係・コミュニケーションについて 月に1度老人会に参加している長男夫婦と週に1回食事や買い物などの外出の機会が少なくなっている。月に1度老人会への参加以外はほとんど家族との交流を楽しんでいる。近所に住んでいる長女も頻繁に訪れる。友人とは電話での挨拶程度や年賀状のやり取り程度で、一人で家に居ることが多くなってきた。最近は友人に会う機会も少ない。	本人：車の運転を止めてから現在はどこへも自由に行けなくなった。友人とも会うのが大変になった。 家族(長男)：家族はもっと一人で家に居ない方がいいと思う。以前のような活動が少なくなっている。	☑有 □無 車の運転を止めてから外出の機会が少なくなり、友人との交流もなくなった。自宅で痛みを止めて過ごすことが多くなっている。買い物も家族に頼んで行っており、友人と最近は友人に電話をすることも少ない。	3.月に1度の交流以外は他人との交流が少ない。寂しさから毎日のように友人に電話をしている。	3<目標> 他者との交流の機会を増やし毎日を活動的にすごし閉じこもりを予防する。 <具体策> ・週に3回は外出の機会をつくり、他者との交流の場を定期的に予防する。	<本人> 同年代の方と話ができる機会があれば少しは気分がはれるような気持ちはする。 <家族> 娘に3日時間をつくり訪問したいまた、孫や孫の顔を見たり会う時間をつくっていきたい。
健康管理について 高血圧に留意し高血圧の管理を行っている。骨粗しょう症の服薬処方されている。骨粗しょう症の痛みや膝関節症受診時には痛みを伝えて受診と神経痛が出ている状態になる。年に数回通院している。	本人：病状を悪くさせないように定期的に受診を心がけたい。健康を維持しておくために健康管理と日頃から健康の役に立てるようにしたい。そして今後も受診を受け継続して現状を維持して欲しい。	□有 ☑無			

健康状態について(主治医意見書、健診結果、観察結果を踏まえた留意点)

食生活に留意し高血圧を行いましょう。骨粗しょう症の治療を継続して行いましょう。

必要な事業プログラム

運動不足	栄養改善	口腔ケア	閉じこもり予防	物忘れ予防	うつ予防
3/5	0/2	0/3	1/2	1/3	2/5

2．達成できる短期目標を積み重ね、意欲を引き出していく事例

介護予防サービス・支援計画書（2）

利用者名　松川みつ江（仮名）様　　被保険者番号　　　　　生年月日　年　月　日

目標	目標についての支援のポイント	本人等のセルフケアや家族の支援、インフォーマルサービス	支援計画 介護保険サービスまたは地域支援事業	サービス種別	事業所	期間
1. バスを乗り継ぎ2キロ先のスーパーまで買い物に行くことができる筋力をつける。	(1) 定期的に専門的な機能訓練を行いつつ、自主的な運動習慣を身につける。	＜本人＞日常生活の中に運動を習慣化する。＜家族＞週末は娘や孫と過ごす機会をつくる。	健康チェック 集団体操 運動器による筋力トレーニング レクリエーション	従前相当通所型サービス 運動器機能向上加算	○○	3か月 H27/5/1 ～H27/7/31
2. 下肢筋肉を付け入浴時浴槽へのまたぎが安全にできるようになる。	(2) 定期的に専門的な機能訓練を行いつつ、自主的な運動習慣を身につける。	＜本人＞下肢筋力をつけて安全に一人で入浴ができる。＜家族＞週1回は家族の見守りを受け安全に入浴する。	健康チェック 集団体操 運動器による筋力トレーニング レクリエーション	従前相当通所型サービス 運動器機能向上加算	○○	同上
3. 他者との交流の機会を増やし活動的な毎日を過ごし閉じこもりを予防する。	(3) 地域との関わりを継続的に持つ。また、新たな出会いの場の提供を支援する。	＜本人＞友人との交流の機会を増やす。老人会へはこれからも参加する。地域で行っている多様な活動へも積極的に参加していきたい。	同年代の人との交流の機会をつくる。 地域で行う運動教室への参加	従前相当通所型サービス	○○	同上

【総合的な援助方針】
（生活不活発病の改善・予防のポイント）
毎日のように車を運転し外出していたが自由に外出することができなくなったことで精神的な落ち込みから閉じこもりとなり廃用性の筋力低下が起きている。意欲と筋力の向上を図り、活動的な毎日を過ごせるように動きかけ自立支援を行う。

[意見]　地域包括支援センター

[確認印]

【本来行うべき支援が実施できない場合】
（妥当な支援の実施に向けた方針）

【計画に関する同意】
介護予防サービス・支援計画書について同意いたします。
平成　年　月　日　氏名

基本チェックリスト

松川みつ江（仮名）

No.	質問項目	回　答（いずれかに○をお付け下さい）	
1	バスや電車で1人で外出していますか	0.はい	◯1.いいえ
2	日用品の買物をしていますか	0.はい	◯1.いいえ
3	預貯金の出し入れをしていますか	0.はい	◯1.いいえ
4	友人の家を訪ねていますか	◯0.はい	1.いいえ
5	家族や友人の相談にのっていますか	◯0.はい	1.いいえ
6	階段を手すりや壁をつたわらずに昇っていますか	0.はい	◯1.いいえ
7	椅子に座った状態から何もつかまらずに立ち上がっていますか	0.はい	◯1.いいえ
8	15分位続けて歩いていますか	0.はい	◯1.いいえ
9	この1年間に転んだことがありますか	◯1.はい	0.いいえ
10	転倒に対する不安は大きいですか	◯1.はい	0.いいえ
11	6ヵ月間で2〜3kg以上の体重減少がありましたか	1.はい	◯0.いいえ
12	身長　152　cm　体重　57　kg　（BMI＝　24.6　）（注）		
13	半年前に比べて固いものが食べにくくなりましたか	◯1.はい	0.いいえ
14	お茶や汁物等でむせることがありますか	1.はい	◯0.いいえ
15	口の渇きが気になりますか	◯1.はい	0.いいえ
16	週に1回以上は外出していますか	◯0.はい	1.いいえ
17	昨年と比べて外出の回数が減っていますか	◯1.はい	0.いいえ
18	周りの人から「いつも同じ事を聞く」などの物忘れがあると言われますか	◯1.はい	0.いいえ
19	自分で電話番号を調べて、電話をかけることをしていますか	◯0.はい	1.いいえ
20	今日が何月何日かわからない時がありますか	◯1.はい	0.いいえ
21	（ここ2週間）毎日の生活に充実感がない	◯1.はい	0.いいえ
22	（ここ2週間）これまで楽しんでやれていたことが楽しめなくなった	◯1.はい	0.いいえ
23	（ここ2週間）以前は楽にできていたことが今ではおっくうに感じられる	◯1.はい	0.いいえ
24	（ここ2週間）自分が役に立つ人間だと思えない	◯1.はい	0.いいえ
25	（ここ2週間）わけもなく疲れたような感じがする	◯1.はい	0.いいえ

（注）　BMI＝体重（kg）÷身長（m）÷身長（m）が 18.5 未満の場合に該当とする。

2．達成できる短期目標を積み重ね、意欲を引き出していく事例

松戸市版アセスメントシート　　氏名　松川みつ江（仮名）

						特記・課題等
運動・移動について	1	（イスからの）立ち上がり	1)できる	**2)つかまれば可能**	3)できない	自宅内はふらつく時があるため、壁や家具に手をつき移動。屋外はシルバーカーや杖を使用している。坐骨神経痛で数ヵ月に1度痛みのために歩行困難になり、寝たきり状態になる。
	2	何かにつかまらずに歩く（5m）	1)できる	**2)つかまれば可能**	3)できない	
	3	信号が変わる前に横断歩道を渡りきる	1)できる	**2)何とかできる**	3)できない	
		片足立ち（1秒）	**1)できる**	2)つかまれば可能	3)できない	
	4	外出手段　日用品を買う店まで	1)行ける（手段　）	**2)誰かに頼む**	3)行けない	
		病院等に行くときは	1)行ける（手段　）	**2)誰かに頼む**	3)行けない	

							特記・課題等
日常生活（家庭生活）について	5	食事回数	**1)3食/日**	2)2食/日	3)1食/日	4)その他（　　食/日）	調理、掃除はできる範囲で本人が行っている、買い物やできない所は家族の支援を受けている。
	6	調理	**1)できる**	2)行っていないが能力はある	3)一部できる	4)できない	
	7	掃除	**1)できる**	2)行っていないが能力はある	3)一部できる	4)できない	
	8	洗濯	**1)できる**	2)行っていないが能力はある	3)一部できる	4)できない	
	9	ごみ出し	1)できる	2)行っていないが能力はある	**3)一部できる**	4)できない	
	10	買い物	1)できる	2)行っていないが能力はある	**3)一部できる**	4)できない	
	11	金銭管理	1)できる	2)行っていないが能力はある	**3)一部できる**	4)できない	

					特記・課題等
社会参加、対人関係・コミュニケーションについて	12	1日誰と過ごすことが多いか	1)家族・友人等	**2)ほとんど一人で過ごす**	以前は友人と食事やお茶飲み等を楽しんでいたが、今はほとんど自宅で一人で過ごしている。友人に毎日のように電話をしている。老人会に月に1回は参加している。
	13	外出する頻度（通院以外）	**1)　1回/週**	2)ほとんど外出しない	
	14	親戚・友人と会う・連絡とる頻度	**1)　2回/週**	2)ほとんどない	
	15	身の回りの乱れ・汚れへの配慮	**1)気にしている**	2)気にならなくなった	
	16	情緒が不安定になることの有無	1)ない	**2)情緒が不安定になることがある**	
	17	一人きりになることへの不安	1)ない	**2)一人になることが不安である**	

						特記・課題等
健康管理について	18	医師からの運動制限	**1)ない**	2)運動を制限されている			高血圧で降圧剤を服用。膝関節症で痛み止めを毎日服薬している。骨粗しょう症があるため自己注射を医師の指示を受けて行っている。神経痛が年に数回は発症し痛みで寝たきり状態になる。浴槽のふちに足を引っかけ転倒しそうになる。入れ歯に不具合があるため硬い物が食べられない。
		その他医師からの注意	**1)ない**	2)注意を受けている			
	19	年1回の健康診査の受診	**1)受けている**	2)受けていない			
	20	現在の健康状態	1)よい　2)まあよい　3)普通　**4)あまりよくない**　5)よくない				
	21	睡眠の状態	1)よく眠れる　**2)眠れないことがある**（睡眠薬服用　有・**無**）				
	22	服薬管理の状況	**1)指示通り飲める**	2)指示があれば飲める	3)できない		
	23	一人で洗身	**1)できる**	2)何とかできる	3)できない		
	24	一人で浴槽をまたぐ	1)できる	**2)何とかできる**	3)できない		
	25	口腔機能の状況	**1)硬いものが食べにくい**　2)よくむせる　3)口が渇く　4)義歯が合わない				
	26	歯の手入（義歯含む）	頻度（　3　回/**日**・週・月）・方法（入れ歯洗浄剤）				

					特記・課題等
物忘れ等について	27	会話がまとまらない	**1)いいえ**	2)はい		家族に同じことを言っていると言われるときがある。
	28	物忘れが気になる	1)いいえ	**2)はい**		
	29	電気機器類の操作ができる	**1)できる**	2)迷う	3)難しい	
	30	火の始末は心配ですか	1)心配ない	**2)心配している**	3)消忘れの経験あり	
	31	悪徳商法への注意	**1)注意している**	2)注意していない	3)被害経験あり	

第3章　具体的な介護予防ケアマネジメント事例

松川みつ江（仮名）さんの週間ケアプラン

	月曜日	火曜日	水曜日	木曜日	金曜日	土曜日	日曜日
朝							
午前		本人ができる範囲で居室の掃除	従前相当通所型サービス			娘と買い物	息子が掃除
昼						娘と外食	
午後	本人が夕食の一部を準備	本人が夕食の一部を準備	本人が夕食の一部を準備	本人が夕食の一部を準備	本人が夕食の一部を準備	本人、娘と夕食の弁当を購入	息子と買い物
夜							息子の見守りを受け入浴

その他　週1回デイサービス利用時に見守りを受けながら入浴をしている

介護予防支援・サービス評価表

被保険者番号　○○○○　　利用者氏名　松川みつ江（仮名）　殿　　評価日　平成　年　月　日
　　　　　　　　　　　　　　　　　　　　　　　　　　　　　　　　計画作成者氏名

目標	評価期間	目標達成状況	目標を達成しない原因（本人・家族の意見）	目標を達成しない原因（計画作成者の評価）	今後の方針
1. バス等を乗り継ぎ2キロ先のスーパーまで買い物に行くことができる体力をつける。	1. H27/5/1 ~H27/7/31	1. 一人でのバスの乗り継ぎは現在のところ行えていないが、家族の見守りを受け行えている。	本人：体力はついてきたと思うがまだ一人で外出するのは不安だ。家族：まだバスの乗り降りに不安があるので一人で外出するのは困難だと思う。	運動を継続して行った結果、下肢筋力の向上が図られ入浴槽のまたぎは安全にできるようになったことは本人の自信につながっている。1. の目標未達成は体力だけの体力がないことが原因と思われる。	・目標達成に向けさらに体力・筋力の向上を図るために運動を継続して行えるように支援していく。・地域活動への参加を促し活動的な毎日が過ごせるよう支援していく。
2. 下肢筋力をつけ入浴時浴槽へのまたぎが安全にできるようになる。	2. H27/5/1 ~H27/7/31	2. ふらつきはあるが浴槽に取り付けてある手すりにつかまり安全に一人で入浴ができている。 達成			
3. 他者との交流の機会を増やし毎日を活動的に過ごし閉じこもりを予防する。	3. H27/5/1 ~H27/7/31	3. 月に1回の老人会への参加の他、休むことなく週に1回デイサービスに行き、親しい友人ができた。 達成			

地域包括支援センター意見

総合的な方針
精神的な落ち込み閉じこもり状態となった。その結果、全身機能の低下につながっている。活動的な毎日を過ごすことで全身機能の向上が図れるよう支援する。また調理、掃除、買い物等家庭での役割が担えるよう自立支援を継続する。

■ プラン継続　　□ 介護給付
□ プラン変更　　■ 予防給付
□ 終了　　　　　□ 総合事業
　　　　　　　　　□ 介護予防一般高齢者施策
　　　　　　　　　□ 終了

3. 一人暮らし高齢者で退院後に総合事業を利用した事例

（1）ケース概要

① 氏名など

氏名：田中　守（男性：仮名）、年齢：87歳
介護度：総合事業対象者（認定なし）
家族構成：妻は10年前に他界。長女は他県に住む。長女も姑の介護があり協力が難しい。戸建に一人暮らし。

② 生活歴

　東京生まれ。妻とは見合い結婚。子供は娘1人（娘は夫と2人子供がいる）。65歳まで会社員として勤め退職。退職後は特に趣味もなく、妻と2人でのんびり生活していた。共稼ぎだったこともあり、簡単な家事はできていた。77歳の時妻が急死して以降、一人暮らしとなる。もともと1人が好きで近所の方ともあいさつ程度。昔の同僚とは年に1～2回電話で話をする。

③ 主な病名と経過

　50代のころから高血圧の治療を続け、80歳頃より両膝関節症のため通院している。その他、着替え、食事、入浴、排せつなど身の回りのことは自立。寝起きや座位、歩行動作もゆっくりだが自身で行うことができていた。しかし、長年の膝痛と今回の転倒後の腰痛があり、移動、階段の昇降など痛みを伴う。

（2）ケース経過

① 入院するまでの経緯

　1年前から「膝が痛くて床に膝をつくのが辛い。敷布団をベッドに変えたい。」と、地域包括支援センターに相談があり、自費によるレンタルベッドの利用を開始した。その時、自治体サービスによる緊急通報装置も設置した。

　もともと、買い物は近くにスーパーがあり、自転車で行けていた。簡単な調理も自分で行い、具だくさんの味噌汁などを作り工夫していた。掃除も粘着カーペットクリーナーを使用して行い、洗濯も週に2回行っていた。日中はテレビを見て過ごしていた。

　その後、自宅内でつまずき転倒、腰を強打してしまう。緊急通報装置で救急車を要請、検査の結果骨折はしていなかったものの痛みが強く、自ら身体を動かすことができず入院となった。

② 退院から総合事業対象者へ

　２週間入院して、退院間際にも痛みが残るが、トイレや入浴は何とか自分でできるまでに回復した。退院にあたり病院のMSW（医療ソーシャルワーカー）より地域包括支援センターに連絡があり、病院で本人と面談。体力低下と一人暮らしへの不安と痛みがまだあることを訴える。病院での移動は手すりを利用しゆっくりである。チェックリスト→松戸市版アセスメントシートを実施した結果、総合事業対象者に該当となった。

　退院に伴い「また転んだらどうしよう。」「無理をせずおとなしくしていよう。」「まだ痛いのに退院できるのか。」等消極的な発言があり、病院での歩行の様子や起き上がりの動作を見ると精神的なものが大きく関係していると感じた。訪問や通所サービスの提案を行うが、不安感から想像がつかず、退院日は娘が付き添い、退院翌日に改めて訪問することとなった。

　退院後の訪問では、不安感は変わらないものの、自分でトイレに行くことができ、娘の買ってきた食事を温め自分で食べることもできていた。転倒した場所はそのままだが、不安な家具は注意して移動したという。そこでヘルパーを導入し生活のどの部分に支障が生じるか、ともに行いながら確認することを提案。不安解消のために長女と民生委員にも協力をお願いすることとした。

　サービスを利用していく過程で民生委員やケアマネジャーの訪問にも抵抗がなくなり、聞き取りを続けた結果、食欲が湧き買い物を一人で行ってみたいと申し出があった。そして支援内容を再検討したところ、腰痛が残存するため一部の掃除に若干の支援が必要だが、それ以外は自立レベルに達した。今後も本人の生活環境や不安ごとを共有し、民生委員の力も借りながらインフォーマルを含めた支援を継続することとした。本人も相談できる人が近くにいることで安心している。

（３）支援ポイントと今後の課題
① 要介護認定のプロセスを踏まなかった理由

　病院で本人と面談した際、不安は多くあるものの、しっかりと意思を伝えてくださり、制度の説明にも理解を示してくれた。また、本人が病院では何に困るか具体的に想像が浮かばず、排せつや移動などADLがほぼ自立していることをMSWから確認したので、できることを奪わないよう家に帰ってから一つずつともに考えていくことを提案し、週３回のヘルパー支援から始めることとした。

　定期的な見守りと運動への働きかけなどを続け、本人の気力が戻り環境が整えば、元の生活に戻れるのではないかと判断した。

② 今後の自立支援や多様なサービスの可能性について

　退院直後は、専門職の観察や自立支援が必要であったが、環境を整え、自分で買い物に行けるようになったところで、総合事業の生活支援コース（緩和Ａ）へ切り替えていく予定。腰をかがめなければ行えないトイレや風呂の掃除も掃除用具の提案等を行い、ある程度自分で行えることを確認した上で訪問回数を徐々に減らす予定であることから、プランの期間も短く設定した。あまり長く支援を継続することがかえって本人の自立を妨げる危険があるため、長女と民生委員の見守りとケアマネジャーの観察は続けることで本人に説明をしていく。

　また、本人には社会参加や運動の必要性も引き続き説明を続け、地域の体操教室や短期集中の通所型サービスを勧めていきたい。

介護予防サービス・支援計画書(1)

利用者名 田中守 様　生年月日 年 月 日　　認定済・申請中　初回・紹介・継続　要支援1・要支援2　地域支援事業

計画作成者氏名 ○○ ○○

計画作成(変更) 年 月 日 (初回作成日 年 月 日)

計画作成事業者・事業者名及び所在地 ○○市○○町 ○○○○○○○○

被保険者番号 ○○○○○○○○○○

認定年月日 年 月 日　認定有効期限 年 月 日～ 年 月 日

目標とする生活　1日 ラジオ体操をする。　1年 怪我をする前の生活に戻る。

アセスメント領域と現在の状況	本人・家族の意欲・意向	領域における課題(背景・原因)	総合的課題	課題に対する目標と具体策の提案	具体策についての意向 本人・家族
運動・移動について H28.3月に自宅内で転倒し腰部を打撲した。痛みが強く入院したが、リハビリを経て歩行は可能となった。現在は1人で屋外に行くことはあまりなく、買い物に行く前は自転車に乗り買い物に行っていたが、今は不安で乗っていない。	本人：以前のように自転車に乗り1人で買い物に行かれるようになりたい。	☑有 □無 転倒後腰痛が残存し、入院による体力の低下もあり、リハビリを経てH28.3月に退院したが、腰痛が残存し日常的に腰がみに痛みが続き、転倒した不安発症化し再び転倒の心配がある。	1. H28.2月に転倒し入院。リハビリを経てH28.3月に退院したが、腰痛が残存し日常的に腰がみに歩行している。 2. 一人での買い物に行く自信がなくなり、引きこもってしまう環境がある。 3. 退院直後の不安感があり、以前と同じく家事をすることが億劫となり、発言が聞かれる。 4. ともに環境を整えることを相談できれば、再び自立した生活が送れると思われる。	1. [目標] 体操を日課にする。 [具体策] ・地域の体操教室に参加し体を動かす習慣をつくる。 2. [目標] 自転車に乗り一人で買い物に行く。 [具体策] ・ヘルパーとともに外出し、道中の安全を確認する。 3. [目標] 生活しやすいよう環境を見直す。 [具体策] ①ヘルパーとともに配なることを相談し、掃除の具体を相談し工夫し再開していく。 ②2本人・長女ともに悩みごとは一人で悩まず、家族や関係者に相談する。 4. [目標] 困りごとは一人で悩まず、家族や関係者に相談する。 [具体策] ①地域の行事に参加する、長女との電話のやり取りを続ける。	1. 本人：あまり近所の人と話したことがないから気が進まない。でも体操はしたい。 2. 本人：はじめの付き添ってくれれば安心。 自転車：自転車は乗り買いが行いたい。 長女：自転車は乗り貫いきているので、また乗れるようになるのはいいという。 3. ①本人：腰がかがみになりもう自分では無理かもしれない。 ②本人：あまり場所を変えたくないけれど、どこでつまずくかわからないから考えてみる。 4. ①本人：今まで参加したことがないから気乗りしないともあるけど、一日中誰とも行わないのも気になってきた。 長女：仕事人間だったから、自分の行くところがあるかもしれない。 ②本人：できることはこれからも協力したいから、娘だから、噂話もしたいから。 長女：娘からでも、近くに相談できる人がいるのは、本当に心強い。
日常生活(家庭生活)について 掃除、洗濯、買い物等自分でできていた。現在は腰痛が残存しているため体力も低下しており、買い物に行く気力がなくなく、掃除をする気になれない。洗濯は「やらなきゃ」と億劫な発言がある。	本人：家で転んだので、整理整頓したい。	☑有 □無 室内での転倒したので、後同じように転倒しないよう気をつけてしまう環境が減ると考えられる。			
社会参加、対人関係・コミュニケーションについて 家族は他県に住んでおり1年に2～3回の訪問他の他、電話で安否確認をしている。近所の方とはあいさつ程度。対人関係は良好で、私から誰もが手助けしてくれると言っていた。入浴は入院中も一人で入れたので、今後も自分で入れると言っている。	本人：今までどおりでいい。(課題を)変えたくない。特に。 家族：私もいないことが心配だから、近所の方に気配りと相談ができることは協力したい。	☑有 □無 家族だが家族との関係は良好。退院確認で相談、足りないものを送るなどに協力が得られている。近隣にも相談できる人がいない。			
健康管理について 両膝の関節症と高血圧の治療中。今回の転倒で腰痛もあり、通院はタクシーを利用して毎日安否の連絡をしている。入院も自立、入浴は入院中も一人で入れたので今後も自分で入れると言っている。	本人：何とか病院に行かれるので、先生に相談します。	□有 ☑無 病識もあり、家族の理解と本人の意思もはっきりしている現状では問題ない。			

健康状態について(主治医意見書、健診結果、観察結果を踏まえた留意点)
転倒後腰痛が続いているため、日常生活への意欲や関心が低下している。食生活に気を付け高血圧を管理しながら以前と同じように生活をすることで改善すると思われる。

必要な事業プログラム

運動不足	栄養改善	口腔内ケア	閉じこもり予防	物忘れ予防	うつ予防
5/5	0/2	0/3	2/2	0/3	1/5

第3章 具体的な介護予防ケアマネジメント事例

3．一人暮らし高齢者で退院後に総合事業を利用した事例

介護予防サービス・支援計画書（2）

利用者名　田中守（仮名）様　　被保険者番号　○○○○○○　　生年月日　　年　月　日

支援計画

目標	目標についての支援のポイント	本人等のセルフケアや家族の支援、インフォーマルサービス	介護保険サービスまたは地域支援事業	サービス種別	事業所	期間
1．ラジオ体操を日課にする。	(1) 体操教室へお誘いし、地域交流を促す。	本人：毎日ラジオ体操をする。民生委員：体操教室への声掛け。	・M町会体操教室 ・NOKラジオ体操	・民生委員 ・本人	・M町会	H28.3.20～ H28.5.31
2．自宅近くのスーパーまで自転車に乗り一人で買い物に行く。	(2) 1．外出時の道中の段差など安全面を確認する 2．精神面の評価	本人：散歩から始めてみる。 長女：重いものや遠くて買いに行かれないものを送る。	・地域支援事業	・訪問型サービス（みなし） ・長女	・Aヘルパー事業所（従前相当）	H28.3.20～ H28.5.31
3．使い慣れた室内を少しずつ見直し転倒しにくい生活しやすい環境をつくる。	(3) つまずかない環境、掃除のしやすい環境の提案助言をする	本人：日々使ったものはもとに戻す。	・地域支援事業	訪問型サービス（みなし）	・Aヘルパー事業所（従前相当）	H28.3.20～ H28.5.31
4．一人で考え込まず、まわりに相談する。	(4) 無理をせず落ち着いた生活が維持できるよう、1人で抱え込ませない人間関係づくりへの支援	本人：いろいろな人と少しずつ関わりを持ち、困った時はすぐに相談する。 長女：安否確認の電話 民生委員：安否確認、相談	・緊急通報装置	・訪問による聞き取り調査（地域包括） ・民生委員	・M町会	H28.3.20～ H28.5.31

【総合的な援助方針】
（生活不活発病の改善・予防のポイント）
精神面での安定と転倒後の体調の評価を行う。
ご本人の「欲」（食べたい、出掛けたい、で歩いたい）を再び呼び起こせるよう支援し、規則正しい生活を取り戻し、1人で生活できることを目指す。

【本来行うべき支援が実施できない場合】
（妥当な支援の実施に向けた方針）

【計画に関する同意】
介護予防サービス・支援計画書について同意いたします。

平成○○年○月○日　氏名　田中　守（仮名）

地域包括支援センター

［意見］

［確認印］

基本チェックリスト（田中守　仮名）

No.	質問項目	回答（いずれかに○をお付け下さい）	
1	バスや電車で1人で外出していますか	0.はい	**1.いいえ**
2	日用品の買物をしていますか	0.はい	**1.いいえ**
3	預貯金の出し入れをしていますか	0.はい	**1.いいえ**
4	友人の家を訪ねていますか	0.はい	**1.いいえ**
5	家族や友人の相談にのっていますか	**0.はい**	1.いいえ
6	階段を手すりや壁をつたわらずに昇っていますか	0.はい	**1.いいえ**
7	椅子に座った状態から何もつかまらずに立ち上がっていますか	0.はい	**1.いいえ**
8	15分位続けて歩いていますか	0.はい	**1.いいえ**
9	この1年間に転んだことがありますか	**1.はい**	0.いいえ
10	転倒に対する不安は大きいですか	**1.はい**	0.いいえ
11	6か月間で2〜3kg以上の体重減少がありましたか	1.はい	**0.いいえ**
12	身長168.5ｃm　　体重　　66kg　（BMI＝　23.2　）(注)		
13	半年前に比べて固いものが食べにくくなりましたか	1.はい	**0.いいえ**
14	お茶や汁物等でむせることがありますか	1.はい	**0.いいえ**
15	口の渇きが気になりますか	1.はい	**0.いいえ**
16	週に1回以上は外出していますか	0.はい	**1.いいえ**
17	昨年と比べて外出の回数が減っていますか	**1.はい**	0.いいえ
18	周りの人から「いつも同じ事を聞く」などの物忘れがあると言われますか	1.はい	**0.いいえ**
19	自分で電話番号を調べて、電話をかけることをしていますか	**0.はい**	1.いいえ
20	今日が何月何日かわからない時がありますか	1.はい	**0.いいえ**
21	（ここ2週間）毎日の生活に充実感がない	1.はい	**0.いいえ**
22	（ここ2週間）これまで楽しんでやれていたことが楽しめなくなった	1.はい	**0.いいえ**
23	（ここ2週間）以前は楽にできていたことが今ではおっくうに感じられる	1.はい	**0.いいえ**
24	（ここ2週間）自分が役に立つ人間だと思えない	1.はい	**0.いいえ**
25	（ここ2週間）わけもなく疲れたような感じがする	1.はい	**0.いいえ**

（注）BMI＝体重（kg）÷身長（m）÷身長（m）が18.5未満の場合に該当とする。

3．一人暮らし高齢者で退院後に総合事業を利用した事例

松戸市版アセスメントシート　　　氏名　田中　守（仮名）

分類	No.	項目	選択肢	特記・課題等
運動・移動について	1	（イスからの）立ち上がり	1)できる　②つかまれば可能　3)できない	入院中で移動は、手すりを利用している。入院前室内は独歩。買い物は自転車を利用していた。
	2	何かにつかまらずに歩く(5m)	1)できる　②つかまれば可能　3)できない	
		信号が変わる前に横断歩道を渡りきる	1)できる　②何とかできる　3)できない	
	3	片足立ち(1秒)	1)できる　②つかまれば可能　3)できない	
	4	外出手段　日用品を買う店まで	①行ける（手段　自転車）　2)誰かに頼む　3)行けない	
		外出手段　病院等に行くときは	①行ける（手段　タクシー）　2)誰かに頼む　3)行けない	
日常生活(家庭生活)について	5	食事回数	①3食/日　2)2食/日　3)1食/日　4)その他(　食/日)	入院中の為、家事は行っていない。入院前は、家事全般一人で行っていた。
	6	調理	1)できる　②行っていないが能力はある　3)一部できる　4)できない	
	7	掃除	1)できる　②行っていないが能力はある　3)一部できる　4)できない	
	8	洗濯	1)できる　②行っていないが能力はある　3)一部できる　4)できない	
	9	ごみ出し	1)できる　②行っていないが能力はある　3)一部できる　4)できない	
	10	買い物	1)できる　②行っていないが能力はある　3)一部できる　4)できない	
	11	金銭管理	1)できる　②行っていないが能力はある　3)一部できる　4)できない	
社会参加、対人関係・コミュニケーションについて	12	1日誰と過ごすことが多いか	1)家族・友人等　②ほとんど一人で過ごす	もともと一人が好きな方で、娘は毎日電話をくれるほか、年に2～3回訪問してくれる。本人が一人で買いに行かれないものを送ったりもしてくれる。しかし近くに相談できる人がいないのも不安な様子。
	13	外出する頻度（通院以外）	①　2　回/週　2)ほとんど外出しない	
	14	親戚・友人と会う・連絡とる頻度	1)　回/週　②ほとんどない	
	15	身の回りの乱れ・汚れへの配慮	①気にしている　2)気にならなくなった	
	16	情緒が不安定になることの有無	①ない　2)情緒が不安定になることがある	
	17	一人きりになることへの不安	1)ない　②一人になることが不安である	
健康管理について	18	医師からの運動制限	①ない　2)運動を制限されている	入院中、入浴が見守りでできた。看護師もそばにいるので安心感があったが、家に帰り一人になってから「また転んだらなぁ‥。おとなしくしているよ。」と動くことが億劫になりそうな発言がある。
		その他医師からの注意	①ない　2)注意を受けている	
	19	年1回の健康診査の受診	①受けている　2)受けていない	
	20	現在の健康状態	1)よい　2)まあよい　③普通　4)あまりよくない　5)よくない	
	21	睡眠の状態	1)よく眠れる　②眠れないことがある（睡眠薬服用　有・無）	
	22	服薬管理の状況	①指示通り飲める　2)指示があれば飲める　3)できない	
	23	一人で洗身	①できる　2)何とかできる　3)できない	
	24	一人で浴槽をまたぐ	①できる　2)何とかできる　3)できない	
	25	口腔機能の状況	1)硬いものが食べにくい　2)よくむせる　3)口が渇く　4)義歯が合わない	
	26	歯の手入（義歯含む）	頻度（1　回/日・週・月）・方法（　）	
物忘れ等について	27	会話がまとまらない	①いいえ　2)はい	しっかり意思疎通できる。一人なので同じことを言っているのかわからないと話す。電話は留守電にして、知っている人の電話しかとらないと話す。
	28	物忘れが気になる	①いいえ　2)はい	
	29	電気機器類の操作ができる	①できる　2)迷う　3)難しい	
	30	火の始末は心配ですか	①心配ない　2)心配している　3)消忘れの経験あり	
	31	悪徳商法への注意	①注意している　2)注意していない　3)被害経験あり	

第3章　具体的な介護予防ケアマネジメント事例

田中守（仮名）さんの週間ケアプラン

	月曜日	火曜日	水曜日	木曜日	金曜日	土曜日	日曜日
朝	ラジオ体操	ラジオ体操	ラジオ体操	ラジオ体操	ラジオ体操	ラジオ体操	ラジオ体操
午前	ヘルパー（60分） 主に掃除（従前相当）		ヘルパー（60分） 主に買い物（従前相当）		ヘルパー（60分） 主に環境整備（従前相当）		
昼				（町会体操教室）			
午後							
夜	長女から電話	長女から電話	長女から電話	長女から電話	長女から電話	長女から電話	長女から電話
その他	緊急通報サービス（自治体）／自費ベッドレンタル						

介護予防支援・サービス評価表

被保険者番号　○○○○○○○　　利用者氏名　田中守（仮名）　殿　　評価日　平成　年　月　日

計画作成者氏名

目　標	評価期間	目標達成状況	目標達成／未達成	目標を達成しない原因 （本人・家族等の意見）	目標を達成しない原因 （計画作成者の評価）	今後の方針
1. ラジオ体操を日課にする。	平成28年3月20日～平成28年5月31日	1. 町会の体操教室はやはり気が進まないようだが、テレビのラジオ体操は継続できている。	1. 達成			1. 気が進まない体操教室は無理強いせず、別の地域の行事などで交流できる場を増やせるようお誘いしながら、腰痛が改善するよう日課のラジオ体操を続けていただく。
2. 自宅近くのスーパーまで自転車に乗り一人で買い物に行く。		2. 買い物も自転車に乗り行くことができた。	2. 達成			2. 買い物は自立レベルに達したため、ヘルパーの支援は終了とする。
3. 使い慣れた生活内をもう少し見直し、転倒しにくい生活しやすい環境をつくる。		3. 風呂やトイレのかがみ動作が生じるところはまだ難しいが、それ以外の掃除はほぼ自立レベルに達している。物の場所を移動することはできないが、足元は以前より片付いている。	3. 未達成	3. 本人：腰が痛くてかがみにくいトイレは狭いから難しい。風呂場もかがえるから億劫になる。	3. 腰痛の動作に支障が出るが、筋力も含えるか体勢などの方法を助言して回復までに至っていない。	3. トイレや風呂場の掃除は前かがみにならずに行える体勢などの方法を助言して、課題を維持できているかの観察は継続する。
4. 一人で考え込まず、周りに相談する。		4. ヘルパーや民生委員にも相談ができている。	4. 達成			4. 民生委員や地域包括と相談できる関係ができている。今後も相談支援できるよう定期的な訪問を継続する。

地域包括支援センター意見

総合的な方針
退院後は一人暮らしへの不安が大きく、何をどうしたらいいかわからない状況であったが、様々な人とかかわってきたことで徐々に地域との交流も苦手な部分はあるが、食べたい、1人で出掛けたい、自分で行ったいという思いを大切に支援し、今後生活状況も種目を計画していく。

□プラン継続　　□介護給付
■プラン変更　　■予防給付
□終了　　　　　□総合事業
　　　　　　　　□介護予防一般高齢者施策
　　　　　　　　□終了

4. 妻を亡くし閉じこもりがちな日中独居者への支援事例

(1) ケース概要

① 氏名など

氏名：鈴木　満（男性：仮名）、年齢：70歳

介護度：総合事業対象者（認定なし）

家族構成：5年間介護していた妻を半年前に亡くす。長男（42歳）と新興住宅地のマンションにて2人暮らし。長男は帰宅が遅く、日中独居。次男（38歳）は結婚して独立、他県在住。用事がある時に電話をするのみ。年2～3回の交流がある。マンションの住民とは挨拶をする程度。市内に趣味仲間がいたが、最近は交流していない。

② 生活歴

　首都圏にて出生。大手食品メーカーに就職、60歳で定年を迎える。再雇用により63歳まで就労。家事は妻にまかせっきりだったが、妻を介護しているうちに一通りの家事はできるようになった。碁や釣りが好きで、仲間と楽しんでいたが妻の介護でここ1、2年は疎遠になっている。農家を手伝うボランティアにも登録をしているが、最近は活動をしていない。

③ 主な病名と経過

　50歳のころ、高血圧症と診断される。月1回定期受診をしている。

　降圧剤内服中。自己管理できている。

　妻を亡くしてから不眠に悩んでおり、睡眠薬が処方されている。

　ADL、IADLとも自立。

（2）ケース経過

本人より「介護保険のサービスを利用したい」と地域包括支援センターへ電話相談が入る。主治医に心身の不調を訴えたところ、介護保険の申請を勧められ認定申請を行ったとのこと。

自宅を訪問し、アセスメントを行う。室内も片付いており、本人もきちんと整容できていた。半年前妻が亡くなってから喪失感や悲哀感に苛まれ、何もする気になれず、最低限の家事を行う以外はテレビを観て過ごし、家に閉じこもりきりの生活が続いていた。めまいや不眠で苦しんだが、ようやく最近になって「何かしなければ」「何かしたい」との意欲が生まれてきたと、時おり亡妻を思いだし、言葉を詰まらせながら話す。

主治医の勧めで介護保険の認定申請は行ったものの、本人としては「介護保険のサービスは利用するとしても元気になるまでで、介護保険のサービスを利用しなくてもよい生活をしたい」「いずれ元気になったら以前に通っていた碁会所に行ったり、農業ボランティアの活動を再開したりしたい」との意向が確認できた。

その希望を実現するためには、意欲が芽生えたこの時期を逃さず、体力・気力の自信を取り戻すために総合事業の短期集中予防サービスの利用が望ましいと判断。基本チェックリストで事業対象者と認定されたため、認定申請を取り下げた。

(3) 支援ポイントと今後の課題

　妻を看取ったことからうつ傾向がみられ、閉じこもりがちとなっている。日中独居であり同居の長男ともすれちがいの生活であるため、人と会話をすることもなく、一層うつ傾向を助長している。そのため、活動性が低下しており本人も自覚している。本人が話すように「何もしたくない」という最も辛い時期が過ぎ、ようやく「何かをしよう」という意欲が湧いてきてはいるものの、体力面・気力面で自信がないため、今後、社会参加を拡大するための準備として期間限定の短期集中予防サービス（運動機能向上）の利用につなげた。その後、めまいも消失し外出への自信を取り戻している。

　元々、本人が活動的であり「介護保険のサービスをダラダラ利用したくない」という思いがあり、「趣味活動を再開したい」という明確な目標があったため、短期集中予防サービスの利用が有効であった事例といえる。短期集中予防サービスは、終了した先に「どのような生活をしたいか」、本人に具体的にイメージしてもらうことが重要なポイントと思われる。

介護予防サービス・支援計画書 (1)

利用者名 鈴木 満 (仮名) ○○ ○○ 様　生年月日 年 月 日　認定済・申請中　認定済・申請中　要支援1・要支援2　地域支援事業

計画作成者氏名 ○○ ○○　被保険者番号 ○○○○○○　担当：○地域包括支援センター

計画作成 (変更) 年 月 日　(初回作成日 年 月 日)　計画作成事業者・事業者名及び所在地

　　　　　　　　　　　　　　　　　　　　　　　　認定年月日　年 月 日　認定有効期限　年 月 日 ～ 年 月 日

目標とする生活

| 1日 | 一日一回は外出をする。 | 1年 | 農業ボランティアの活動を再開する。 |

アセスメント領域と現在の状況	本人・家族の意欲・意向	領域における課題（背景・原因）	総合的課題	課題に対する目標と具体策の提案	具体策についての意向 本人・家族
運動・移動について 室内外とも移動はできているが、以前、室内でつまずいて転倒したことがあるので、転倒しないように気を付けている。また転倒を起こすことがあるので、身体機能が低下している。主治医からも車の運転を控えるように言われているので、買い物は長男としてラジオ体操だけをやっている。	本人：運転はしないようにしている。歩く時も足が弱ってきているので、ラジオ体操をして足腰を丈夫にしなければと思う。	■有　□無 日常生活は自立し過ごしているが、終日テレビを観て過ごしている。うつ的活動性が低下しており、このままの生活が続くと、身体機能が一層低下する可能性がある。	1. 妻を亡くした喪失感により、抑うつ的になり活動意欲が低下している。そのため活動性が低く、下肢機能が低下している。	1. <目標> 転倒の不安なく、趣味活動に出かけられるよう足腰を鍛える。 <具体策> ・ラジオ体操を毎日続ける ・短期集中トレーニング（運動機能向上）に参加し、自宅でもできる運動方法を覚える。	1.<本人> 家に閉じこもりがちな体力も低下するので、趣味活動を再開したい。仲間がいるので、運動教室に通うことで足りない部分は気分転換を兼ねて 以防ぎたい。
日常生活（家庭生活）について 家事や整容など身の回りのことは全て自立。食材の買い物は長男を担当しているが、調理は自分でできないなど、自分の好きな食品の範囲で済ませている。室内の掃除は定期的に行っており、長男夫婦の食事は定期的に行っている。	本人：長男の家事なども頑張ろうと思ったが、大変で続かなかった。自分のことだけは無理をせず自分で続けているが、長男の買い物には毎回ちょっと苦労している。	□有　■無 妻を亡くして家事を取り戻すことができているが、日常生活は問題なくできている。身体機能もあまり低下していない。事情を理解しているので、家事を自分の範囲でできることを続けている。	2. 家に閉じこもりがちになって、趣味活動の自信が持てない。	2. <目標> 安全に外出できる場を設け、人と交流する機会を持つ。 <具体策> ・短期集中トレーニング（運動機能向上）に参加し、定期的に外出する。	2.<本人> いずれ元気になって自信を取り戻したい、趣味活動を再開し、農業活動を再開するまでは、気分転換を兼ねて運動教室に通いたい。
社会参加、対人関係・コミュニケーションについて 趣味仲間とは1・2年連絡が途絶えている。次男や兄弟たちは遠方なため、電話連絡があるが、用事があるときに電話を送ったり出かけたりする。長男の家にも出かけて用事や買い物、金融機関などの外出もしている。	本人：一人で妻を思い出して寂しさから抑うつ的になっており、閉じこもりがちになっている。社会参加に積極的な意欲を持ち始めている。本人にも波がある、参加方法を検討したい。	■有　□無 喪失感が深く、さらに抑うつ的になっており、閉じこもりがちになっている。社会参加に気持ちが向き始めているが、いずれ自ら閉じこもりがちな人にも波がある。いずれ趣味活動や農業活動を再開してゆきたい。			
健康管理について 高血圧症により月1回受診している。降圧剤の内服により状態は安定している。一時期は妻を亡くしたことにより悲哀感が強く、意欲低下の状態があった。気分にも波があり気力も体調を訴えていたが、市の健診受診を毎月受けている。服薬管理や定期受診は問題なく行うことができている。	本人：服薬は気をつけている、首になる症状があれば、すぐに主治医に相談をしている。	□有　■無 服薬管理や定期受診は問題なく行うことができている。			

健康状態について（主治医意見書、健診結果、観察結果を踏まえた留意点）
めまいがあるため、首をグルグル回す運動は控えるように、気分転換も兼ねて、自分に合った運動を続けていきましょう。

必要な事業プログラム

運動不足	栄養改善	口腔ケア	閉じこもり予防	物忘れ予防	うつ予防
3/5	0/2	1/3	1/2	1/3	2/5

4. 妻を亡くし閉じこもりがちな日中独居者への支援事例

介護予防サービス・支援計画書（2）

利用者名　鈴木　満（仮名）様　　被保険者番号　　　　　生年月日　　年　月　日

支援計画

目標	目標についての支援のポイント	本人等のセルフケアや家族の支援、インフォーマルサービス	介護保険サービスまたは地域支援事業	サービス種別	事業所	期間
1. 運動教室で習った運動を自宅でも継続して行い、転倒の不安なく歩行できるようになる。	(1) 下肢筋力の向上を図るため、自宅でも続けられる転倒予防の運動方法が覚えられる。	<本人>日常生活に運動を取り入れ、習慣化する。ラジオ体操を続ける。	総合事業（短期集中予防サービス　運動機能向上）	通所C	○○デイサービス	3ヶ月 H27/12/1～H28/2/29
2. 定期的に外出をし、人と交流する機会を持ち閉じこもりを予防する。	(2) 運動を通して人と定期的に交流し、外出することで自信を取り戻せるよう支援する。	<本人>運動を通して、新しい仲間と交流ができる。運動を続けるモチベーションを高めてゆく。	総合事業（短期集中予防サービス　運動機能向上）	通所C	○○デイサービス	同上

【総合的な援助方針】

（生活不活発病の改善・予防のポイント）
一時期は喪失感、悲哀感により何もする気になれなかった、とのこと。最近、ようやく「何かをしたい」との意欲が生まれてきたので、最終的には以前行っていた趣味活動が続けられるよう、自信を取り戻せるよう支援してゆく。

地域包括支援センター

[意見]

[確認印]

【本来行うべき支援が実施できない場合】

（妥当な支援の実施に向けた方針）

【計画に関する同意】

介護予防サービス・支援計画書について同意いたします。

平成　年　月　日　氏名　鈴木　満（仮名）

基本チェックリスト（鈴木　満：仮名）

No.	質問項目	回答 (いずれかに○をお付け下さい)	
1	バスや電車で1人で外出していますか	(0.)はい	1.いいえ
2	日用品の買物をしていますか	(0.)はい	1.いいえ
3	預貯金の出し入れをしていますか	(0.)はい	1.いいえ
4	友人の家を訪ねていますか	0.はい	(1.)いいえ
5	家族や友人の相談にのっていますか	0.はい	(1.)いいえ
6	階段を手すりや壁をつたわらずに昇っていますか	(0.)はい	1.いいえ
7	椅子に座った状態から何もつかまらずに立ち上がっていますか	(0.)はい	1.いいえ
8	15分位続けて歩いていますか	0.はい	(1.)いいえ
9	この1年間に転んだことがありますか	(1.)はい	0.いいえ
10	転倒に対する不安は大きいですか	(1.)はい	0.いいえ
11	6ヵ月間で2～3kg以上の体重減少がありましたか	1.はい	(0.)いいえ
12	身長　173　cm　体重　62　kg　（BMI＝　　）（注）		
13	半年前に比べて固いものが食べにくくなりましたか	(1.)はい	0.いいえ
14	お茶や汁物等でむせることがありますか	(1.)はい	0.いいえ
15	口の渇きが気になりますか	1.はい	(0.)いいえ
16	週に1回以上は外出していますか	(0.)はい	1.いいえ
17	昨年と比べて外出の回数が減っていますか	(1.)はい	0.いいえ
18	周りの人から「いつも同じ事を聞く」などの物忘れがあると言われますか	1.はい	(0.)いいえ
19	自分で電話番号を調べて、電話をかけることをしていますか	(0.)はい	1.いいえ
20	今日が何月何日かわからない時がありますか	(1.)はい	0.いいえ
21	（ここ2週間）毎日の生活に充実感がない	(1.)はい	0.いいえ
22	（ここ2週間）これまで楽しんでやれていたことが楽しめなくなった	(1.)はい	0.いいえ
23	（ここ2週間）以前は楽にできていたことが今ではおっくうに感じられる	1.はい	(0.)いいえ
24	（ここ2週間）自分が役に立つ人間だと思えない	1.はい	(0.)いいえ
25	（ここ2週間）わけもなく疲れたような感じがする	1.はい	(0.)いいえ

（注）BMI＝体重（kg）÷身長（m）÷身長（m）が18.5未満の場合に該当とする。

4．妻を亡くし閉じこもりがちな日中独居者への支援事例

松戸市版アセスメントシート　氏名　鈴木　満（仮名）

運動・移動について

1	（イスからの）立ち上がり	**1)できる**	2)つかまれば可能	3)できない	
2	何かにつかまらずに歩く(5m)	**1)できる**	2)つかまれば可能	3)できない	
3	信号が変わる前に横断歩道を渡りきる	**1)できる**	2)何とかできる	3)できない	
3	片足立ち(1秒)	1)できる	**2)つかまれば可能**	3)できない	
4	外出手段　日用品を買う店まで	**1)行ける（手段 歩行 ）**	2)誰かに頼む	3)行けない	
	外出手段　病院等に行くときは	**1)行ける（手段 バス ）**	2)誰かに頼む	3)行けない	

特記・課題等：移動は自立しているが、下肢筋力の低下を自覚している。室内でカーペット等に躓くことがある。スーパーが近いので、買い物には便利だが、反面歩く機会（距離）が少なくなっている。

日常生活（家庭生活）について

5	食事回数	**1)3食/日**	2)2食/日	3)1食/日	4)その他(食/日)
6	調理	**1)できる**	2)行っていないが能力はある	3)一部できる	4)できない
7	掃除	**1)できる**	2)行っていないが能力はある	3)一部できる	4)できない
8	洗濯	**1)できる**	2)行っていないが能力はある	3)一部できる	4)できない
9	ごみ出し	**1)できる**	2)行っていないが能力はある	3)一部できる	4)できない
10	買い物	**1)できる**	2)行っていないが能力はある	3)一部できる	4)できない
11	金銭管理	**1)できる**	2)行っていないが能力はある	3)一部できる	4)できない

特記・課題等：

社会参加・対人関係・コミュニケーションについて

12	1日誰と過ごすことが多いか	1)家族・友人等	**2)ほとんど一人で過ごす**
13	外出する頻度（通院以外）	**1)　3　回/週**	2)ほとんど外出しない
14	親戚・友人と会う・連絡とる頻度	1)　　回/週	**2)ほとんどない**
15	身の回りの乱れ・汚れへの配慮	**1)気にしている**	2)気にならなくなった
16	情緒が不安定になることの有無	1)ない	**2)情緒が不安定になることがある**
17	一人きりになることへの不安	1)ない	**2)一人になることが不安である**

特記・課題等：長男と同居しているが、帰りが遅くすれ違いの生活である。近所のスーパーには、まめに買い物に行くよう心掛けている。

健康管理について

18	医師からの運動制限	1)ない	**2)運動を制限されている**		
18	その他医師からの注意	**1)ない**	2)注意を受けている		
19	年1回の健康診査の受診	**1)受けている**	2)受けていない		
20	現在の健康状態	1)よい　2)まあよい　3)普通　**4)あまりよくない**　5)よくない			
21	睡眠の状態	1)よく眠れる　**2)眠れないことがある（睡眠薬服用　有・無）**			
22	服薬管理の状況	**1)指示通り飲める**	2)指示があれば飲める	3)できない	
23	一人で洗身	**1)できる**	2)何とかできる	3)できない	
24	一人で浴槽をまたぐ	**1)できる**	2)何とかできる	3)できない	
25	口腔機能の状況	**1)硬いものが食べにくい**　**2)よくむせる**　3)口が渇く　4)義歯が合わない			
26	歯の手入（義歯含む）	頻度(1 回/**日**/週/月)・方法(歯ブラシで磨く)			

特記・課題等：めまいが起きるので、医師から首を回す運動は禁止されている。歯科に関しても、年1回健診を受けている。

物忘れ等について

27	会話がまとまらない	**1)いいえ**	2)はい		
28	物忘れが気になる	1)いいえ	**2)はい**		
29	電気機器類の操作ができる	**1)できる**	2)迷う	3)難しい	
30	火の始末は心配ですか	1)心配ない	**2)心配している**	3)消忘れの経験あり	
31	悪徳商法への注意	**1)注意している**	2)注意していない	3)被害経験あり	

特記・課題等：時折、感情が乱れることがあるが話がまとまらなかったり、辻褄が合わなかったりすることはない。

第3章　具体的な介護予防ケアマネジメント事例

鈴木 満（仮名） さんの週間ケアプラン

	月曜日	火曜日	水曜日	木曜日	金曜日	土曜日	日曜日
朝	ラジオ体操	ラジオ体操	ラジオ体操	ラジオ体操	ラジオ体操	ラジオ体操	ラジオ体操
午前							
午後		短期集中通所 （C型）サービス			短期集中通所 （C型）サービス		
夜							

その他　自分で買い物は可能。午前中スーパーに出かける。

介護予防支援・サービス評価表

利用者氏名　鈴木　満（仮名）　殿　　　　　　　評価日　平成　年　月　日

被保険者番号　　　　　　　　　　　　　　　　　計画作成者氏名

目標	評価期間	目標達成状況	目標達成／未達成	目標を達成しない原因 （本人・家族の意見）	目標を達成しない原因 （計画作成者の評価）	今後の方針
1. 運動教室で習った運動を自宅でも継続して行い、転倒の不安なく歩行できるようになる。	1. H27/12/1 ～ H28/2/29	1. 毎日ではないが、椅子に座ってできる体操やスクワットなど家事の合間に行っている。めまいも起きなくなったので転倒の不安は軽減した。	達成			短期集中トレーニングの利用にて、目標は達成した。本人も「ずっと介護保険には頼りたくない」との意向が強かったので、今後はセルフケアに努めてもらい、趣味活動が参加できるよう支援してゆく。本人にあった社会参加の場について情報提供を行う。
2. 定期的に外出をし、人と交流する機会を持ち閉じこもりを予防する。	2. H27/12/1 ～ H28/2/29	2. 途中、体調不良で休んだこともあるが規定の24回、参加することができた。	達成			

総合的な方針
短期集中トレーニングにて、「安全に外出する」自信を取り戻すことができた。今後も行動範囲を徐々に広げられるよう、セルフケアに努めていただく。

地域包括支援センター意見

☐ プラン継続　　☐ 介護給付
■ プラン変更　　☐ 予防給付
☐ 終了　　　　　☐ 総合事業
　　　　　　　　■ 介護予防一般高齢者施策
　　　　　　　　☐ 終了

第4章　地域包括支援センターの実践課題

1. 総合事業移行の準備

（1）総合事業開始前の不安

千葉県松戸市は人口約49万人、65歳以上人口は約12万人（高齢化率24.5％）の首都圏にあるベッドタウンです。地域包括支援センターはすべて委託型で11か所設置されています（平成28年4月現在）。

総合事業開始にあたって、その矢面に立つ地域包括支援センターには様々な不安がありました。まず、事業対象者と判定する根拠が25個の簡易な質問である「基本チェックリスト」だけであり、しかもそれが自己記入であることです。正確な判定ができるのか？事業対象者が殺到して対応できないのではないか？当初"事業対象者になること"イコール"通所介護・訪問介護サービスをすべて利用できる"というイメージがありました。

しかし、私たちの総合事業に対する理解が進み、そうではないこと、専門職・ケアマネジャーによるアセスメントによって必要なサービスとセルフケアを個別にプランニングしなければならないこと、そのためにはケアマネジャーのための新しい共通のマニュアルやアセスメントツールを作成し、介護予防ケアマネジメントスキルを向上させなければならないことなどを認識し、準備に着手しました。

また、総合事業のポイントである"多様なサービス"がほとんど無い状態でスタートすることに対する不安がありました。松戸市からは、平成27年4月にいち早く総合事業を開始し、それから新しい多様なサービスをつくっていくという説明がありました。しかし、基本チェックリストで事業対象者になっても、利用できるサービスがなければ、「何のための総合事業なのか？」という批判を受けても仕方ないだろうという不安です。この問題は、新しいサービスが少しずつ出来始めてはいますが、現在進行形の問題です。しかし、事業を仮に1～2年後にスタートさせたとしても程度の差はあれ、常について回る問題だと思います。そして、この不安があるために思わぬ効果も出ました。それは私たちが、地域に埋もれているインフォーマルサービスを、それまで以上に必死に探す努力をするようになったことです。また、各地域包括支援センター主催の介護予防教室の開催回

数を増やすなど新しい社会資源を創出する努力もしています。

　もう一つの不安は、新しい総合事業の制度の複雑さに地域包括支援センター職員の理解力とケアマネジメントにおける事務処理能力（特に給付管理に関すること）がついていけるのかというものでした。私たちの理解だけではなく、ケアマネジメントを委託することになるケアマネジャーにも説明し、理解してもらわなければならなかったことを考えると、与えられた時間は正直、少な過ぎたと思います。ケアマネジメントの類型がＡＢＣとあり、サービスの種類も増え、給付管理が必要なもの、不要なものが混在します。国保連経由の支払いがどこまでできるのか、はっきりしていない等、数えきれない疑問・不安がありました。実際、事業開始直後は一部後述していますが、かなり混乱が生じました。

　しかし、この点においては、松戸市が新しい多様なサービスがないまま、総合事業を開始したことが多少幸いしました。つまり、ケアマネジメント類型は実質的にはＡ型だけ、提供サービスは旧介護予防通所介護・訪問介護と全く同じ、みなし通所型・みなし訪問型サービスだけでしたので、旧介護予防支援での給付管理業務とほとんど変わらない最小限の変更でスタートできました。いきなりフルコース（？）の総合事業が始まっていたら、複雑な事務処理・給付管理を行わなければならず、もっと混乱していたのではないかと思います。

（２）松戸市版マニュアル作成

　総合事業開始のための準備として松戸市と地域包括支援センターが行った「松戸市版介護予防ケアマネジメントマニュアル」の作成と「居宅介護支援事業所への説明会」について述べたいと思います。

　まず、平成27年４月より総合事業を開始するにあたり、松戸市と地域包括支援センター職員によるプロジェクトチームが発足し、平成27年１月より「松戸市版介護予防ケアマネジメントマニュアル」の作成が始まりました。各包括からは１名ずつ参加し、総合相談の３職種及び予防プランナーそれぞれの視点が反映されました。これは市内の全地域包括支援センターの均質化を目的としたものでした。新制度移行に際しては、どうしても利用者への対応やケアマネジメント、アセスメントなどに差が生じてしまう可能性があると思います。そのため、マニュアルを作成して均質化していく意義は大きいと考えました。

　制度移行時を振り返ると、各機関からの地域包括支援センターへの問い合わせに対して、さらに詳しい説明が必要だったのではないかと思います。また、今後の課題でもありますが、松戸市では、100以上もある居宅介護支援事業所のケア

マネジャーに、説明会や研修会をどのように行っていくかが課題です。

（3）居宅介護支援事業所への説明会

　松戸市では、旧来の介護予防支援業務を地域の居宅介護支援事業所に委託をしていました（自治体によっては、地域包括支援センターに限ってケアマネジメントを担うケースもあると思います。）。そのため、総合事業に移行するにあたって、総合事業のケアマネジメントを引き続き受託してもらうため、居宅介護支援事業所のケアマネジャーへの説明や理解、協力を得る必要がありました。市による「介護保険改正にかかる事業所説明会」を皮切りに、地域ごと、あるいは数地域合同で地域包括支援センターが中心となり、居宅介護支援事業所向けの説明会を実施しました。

　事業開始前の事業所説明会や研修等で質問が多かった事項として、「通所型サービス（みなし）」の利用回数のことがありました。旧来の介護予防通所介護（デイサービス）では、「支援1だから週1回、支援2だから週2回」という利用回数にしていた事業所が多くありました。松戸市の通所型サービスは（週1回）・（週2回）の2種類が用意されたため、総合事業対象者となれば、利用者の希望があれば、今までの週1回利用から週2回に増やすことができるという考え方を抱く事業者もいました。実際、委託先のケアマネジャーからも「週2回利用させたいため、総合事業対象者へ移行できないだろうか」、という相談も寄せられました。

2. 総合事業開始直後に発生した混乱・疑問

（1）要支援認定から総合事業対象者への切り替え時の混乱

　松戸市では、総合事業開始後1年間をかけて、対象の要支援認定者を、それぞれの認定期間終了月の翌月から総合事業対象者に切り替えていく方式をとりました。この際の事務手続き手順を、認定期間終了時に事業対象者になることを選択せずに従来の認定更新申請を行う場合と明確に区別して設定せず、ケアマネジャーにも詳しい説明をしていなかったために混乱が起きました。

　総合事業対象者の申請においては、原則として、基本チェックリスト実施日が総合事業の有効期間開始日となり、何らかの理由で基本チェックリスト実施日と総合事業の有効期間開始日が異なる場合は例外扱いとして特別な事務処理となります。

　認定更新の場合は、認定有効期間終了日の60日前から申請が可能ですので、ケ

アマネジャーは通常、更新申請から認定日まで1か月前後かかることを考慮して、早めに認定更新申請を支援していました。例えば、6月30日まで認定有効期間がある場合、4月中には書類を準備し、5月1日に市役所に提出していました。総合事業開始直後、ケアマネジャーはこれまでの認定更新申請時の習慣に基づき、事業対象者への移行手続きとして4月中に基本チェックリストを実施し、5月1日に介護予防ケアマネジメント依頼届出書と合わせて市役所に提出し、当然要支援認定期間が終了する翌日の7月1日から事業対象者とされると思っていました。

しかし、市役所においては要支援の認定有効期間が6月末まで残っているにもかかわらず、チェックリスト実施日の4月某日から事業対象者とされ、その日から要支援認定が取り消される形となってしまいました。現在は、要支援から総合事業対象者に移行する人は、基本チェックリストを要支援の有効期間が切れる直前に実施し、介護予防ケアマネジメント依頼届出書計画作成届けの書式を改訂し、チェックリスト実施日と事業対象者となる日付けが異なる場合の記入欄を設け、記入マニュアルも作成しています。

（2）「介護予防サービス計画作成届出書」と「介護予防ケアマネジメント計画作成届出書」に関わる混乱

他にも、例えば、現在は何もサービスを利用していないが総合事業のサービス利用が適当と思われる高齢者が通所型サービスの利用を希望し、相談を受けたケアマネジャーが介護予防ケアマネジメントの申請支援を行ったところ、高齢者が以前申請した要支援の認定期間が残っていた場合、総合事業の申請を取り下げ、要支援の認定でデイサービスを利用することとなります。この際、出しておいた介護予防ケアマネジメント計画作成届出書は無効となり、介護予防サービス計画作成届出書が必要となります。

要支援の認定を受けていて、サービスを利用していない高齢者が多くいて注意が必要でした。松戸市の場合、介護申請と総合事業対象者の申請は受け付ける窓口が違ったため、介護保険課で取り下げをし、高齢者支援課に出し直すということになり、一つの窓口で一連の状況を把握しにくく、出し直す書類の出し忘れ等が発生しました。人口の多い市であれば、同じような問題が起きるかもしれません。

（3）要介護認定申請か総合事業対象者かの判断

総合事業が始まり要介護認定申請を行うか事業対象者としてサービスを利用するかは、これまで以上に専門性の高い判断が必要です。しかし、要介護認定申請は、地域包括支援センターが支援したり、病院で退院調整の際に勧められたり、独居高齢者の見守りを行っている民生委員から勧められたり、配偶者の担当ケアマネジャーに依頼したり、家族が調べて行ったりと様々な人によって行われています。総合事業についてしっかり周知をしていかないと、必要のない要介護認定申請が行われることもあるでしょう。また、総合事業はまだ始まったばかりでサービスが徐々に増えてきている状況ですので、現時点では事業対象者になったら、どのようなサービスを受けられるかがイメージしにくいといえます。

（4）利用者の状態像について

事業開始当初は、通所型サービス、訪問型サービスのみを利用する人は全て更新の際にチェックリストを実施し、総合事業へ移行するという市からの説明でした。一方、ケアマネジャーからは更新の際に事業対象者とするのか、認定更新申請をするべきかの問い合わせが地域包括支援センターに多くありました。福祉用具の購入や貸与、住宅改修については、要介護認定が必要です。そのため更新により事業対象者となったものの、すぐに要介護認定申請をすることが想定される人も多くいます。

更新により事業対象者へ移行する場合、利用者への説明、情報提供として総合事業を説明するものの、今後を考えると、これまで通り更新申請の手続きをする場合もあること、また本人・家族が申請したいと希望する場合も多々あり、申請を拒むものではないこと等様々な状況があることが改めて認識されました。のちに通所型サービスC（短期集中予防）が開始し、やはりこのサービスを希望する人についてもニーズが様々であるため、基本チェックリストなのか要介護認定申請なのかの振り分けについて、地域包括支援センター内で迷うことが多くありました。

（5）提出書類について

松戸市の場合、更新時期に際し、要支援認定から事業対象者へ移行することにより、新たに「介護予防ケアマネジメント届出書」の提出が必要です。事業開始当初は、委託先のケアマネジャーからは、様式についての問い合わせが多くありました。要支援認定者が総合事業のサービスを利用する場合には「介護予防ケア

マネジメント届出書」の提出が必要なのか否かという基本的な質問だけでも、何度も繰り返し説明が必要でしたし（もちろん不要なのですが）、ケアマネジャーが提出してしまったため、市役所担当者から確認の電話が多数ありました。

　委託先の居宅介護支援事業所には、これまでの介護予防支援と同様に総合事業においても「ケアマネジメントA」で担当してもらうため、一連のケアマネジメント手続きは今まで通りであること、書類の様式もほぼ変更のないことを市役所主催の研修や個別での問い合わせの際に繰り返し伝えてきました。そのため、様式や一連のマネジメント手続きについては大きな混乱はなかったと思われるものの、一部アセスメントにおいて「松戸市版アセスメントシート」が追加となり、地域包括支援センター内においても居宅介護支援事業所においても、書類が増えたことに対しての戸惑いが見られ、負担も感じ取れました。

3. ケアマネジメント実践における課題

（1）基本チェックリスト

　面接により、認定申請を行うか総合事業を案内するかを判断し、総合事業が適当と判断すれば基本チェックリストを実施します。質問は25項目で「はい」と「いいえ」で答える単純なものですが、この「はい」と「いいえ」の判断基準は案外知られていません。基本チェックリストは、二次予防事業対象者の選定に用いられていましたが、松戸市では、基本チェックリストを65歳以上の住民全てに郵送し、本人が「はい」か「いいえ」を選択して質問に答え、市役所に送り返していました。本人だけで答えるので、質問に対する解釈がまちまちでした。

　しかし、総合事業ではこの基本チェックリストが事業対象者の可否判断の根拠となります。基本チェックリストを実施する際、対象者の回答が適当な回答であるかどうかの判断は、基本チェックリストを評価する者が行わなければなりません。「基本チェックリストの考え方」（資料4-1）を使用しての研修の機会を設けることで、適切な判断が行えるようになる必要があると感じています。

　また、基本チェックリストは、単に「はい」「いいえ」だけではなく、その根拠を詳しく聞き取ることで課題が明確になってきます。

　一つの事例を紹介します。基本チェックリストを実施すると、6か月間に5kgの体重減少があり低栄養に該当した阿部さん（仮名）。その原因は、夫の介護を負担に感じストレスを抱え、食欲が低下していたと本人は説明しました。このことから、本人だけでなく、夫の介護支援が必要であると判断しました。

（2）多様なサービスとケアマネジメントについて

　総合事業は、多様なサービスが生まれることによりサービスコードの種類が増え、ケアマネジメントも給付管理が必要なものと必要でないものなど種類が増えます。また、用語の使い分けも慣れない間は混乱します。例えば、「介護予防サービス計画届出書」と「介護予防ケアマネジメント届出書」のように、区別しにくい用語が多いのです。その為、外部委託のケアプランチェックにしても給付管理にしても確認作業が複雑になったように感じます。総合事業移行当初は、給付の「介護予防訪問介護」が「従前相当訪問型サービス」となり、サービスコードが変わるなど事務作業の混乱があり、ケアマネジメントの質にまで気が回らない状況でした。

（3）主治医意見書がないことについて

　要介護認定申請を行うと、要介護状態区分を決めるための認定審査会の資料となる「主治医意見書」を主治医に書いてもらうことになりますが、事業対象者に該当するか否かの判断には主治医意見書は必要ありません。しかし、ADLの自立度が高い高齢者でも病気を多く抱えている場合があります。特に運動器機能向上加算をとっているようなリハビリ中心のデイサービスを利用する場合は、既往歴や運動制限の有無の確認等の情報は重要です。松戸市では『運動器機能向上プログラム参加に係るチェックシート』（資料4-2）を新たに作成し、自己申告で確認をとることにしました。

　また、どの程度の運動であれば問題ないか主治医に相談してサービスにつなぎたい時、どのように医療情報を確認するとよいか、困惑しているケアマネジャーも多いのではないでしょうか。松戸市では医師会の協力で『介護サービス利用時診断書』（資料4-3）という共通書類を作成し、割安の料金で医師が診断書を書いてくれるようになっています。

　医師会に「ケアマネタイム」が設定され、その時間帯に主治医に相談することができます。しかし主治医が必要性を理解していることや負担なく効率的に確認できるシステムがないと相談しにくくなってしまいます。実際、総合事業について医師がどの程度関心を持ちサービス利用の流れについて理解しているのか、不安を感じるところではあります。

（4）地域資源の活用

　総合事業は市町村が地域の実情に応じて、住民主体のサービスの創出や住民の

社会参加につなげることが大きなポイントとなります。私たち地域包括支援センターの職員は、町会や社会福祉協議会や民生委員児童委員協議会などあらゆる地域の関係団体と協同し、地域の社会資源に目を向け、足りているもの、足りないものを把握し、ある資源は上手く活用することが重要です。そして、住民にとって資源を分かりやすくすることも必要です。

介護予防ケアマネジメントを立案する際、本人の地域での生活をどこまで聞き取っているでしょうか？　本人がどのように地域とつながっているかを知ることで、そこの地域の姿が見えてきます。

地域の仲間で結成された見守り隊の定期巡回が行われている10件程度家が並んだ小さい地域や、窓の外に畑が広がり自宅の窓から野菜が買える住民など、慣れ親しんだ土地で築き上げられてきたそれぞれの暮らしぶりがあります。その人らしさを生かすためには、その人の地域生活にあったケアプランを考える必要があります。単に、本人が出来るかできないかだけではなく、どのように暮らしているかを把握することが重要です。

4．居宅介護支援事業所との協力体制

（1）委託なくしては難しい

松戸市の地域包括支援センターでは、旧来の介護予防支援業務に特化した職種が配置され、主にケアプラン作成業務に従事していました。新制度に移行した後にも、指定介護予防支援事業所として要支援者を中心に担当しているものの、件数次第では総合事業対象者も受け持つこともあります。

しかし、地域包括支援センター内では件数を持ち切れず、委託するケースが多くなっています。地域包括支援センターの業務は、多種多様であり総合事業のケアプラン作成業務に偏ることはできないため、どうしても委託のケアマネジャーに協力を得ることになります。

しかし、委託先のケアマネジャーを探すことも苦慮しています。報酬が低いという背景から、委託ケースを地域包括支援センターに戻していく傾向は否めません。その意味では、委託先の理解も重要なポイントです。

（2）研修会の開催

総合事業開始後も、サービスが徐々に増えていくにつれ、地域包括支援センター及び居宅介護支援事業所への研修会の実施、またケアマネジメントの質をあげる

ための研修が継続的に行われています。総合事業という新たな事業が始まる事に対して、同じ目線で介護予防を実施できるよう、日々情報共有の在り方や研修・勉強会開催の重要性が認識されるところです。

（3）社会資源の整理と一覧化

　総合事業開始当初は、従来からの「介護予防通所介護」「介護予防訪問介護」が「みなし」として存在するのみであったため、地域包括支援センターにおいても居宅介護支援事業所においても、多様なサービスのイメージができませんでした。

　しかし、松戸市では、平成27年10月から「通所型サービスC（短期集中予防）」が開始され、徐々にサービスが増えていくなかで、「サービス利用からの卒業を目指す」、「状態改善によって元気に生活をしていただく」ということが意識され、プラン作成やケアマネジメントの方法を意識できるようになってきました。

　現在ある社会資源の一覧表、総合事業パンフレット及び介護保険事業者ガイドブック、介護保険の手引きなど、居宅介護支援事業所のケアマネジャーに対して随時情報を更新していく必要があります。

（4）利用者状態像の共通理解のために

　基本チェックリストが「総合事業対象者」を確定する大前提となるため、これらの基準・考え方について再度確認を行う必要があります。地域包括支援センター職員においては、旧二次予防事業を実施しており一定の理解はありました。しかし、居宅介護支援事業所においては、「基本チェックリストについての考え方」（資料4－1）、「総合事業対象者に該当する基準」（第1章　表1－2参照）の確認が必要です。

（5）「松戸市版介護予防ケアマネジメントマニュアル」の活用

　本章1.（2）で述べましたが、どのケアマネジャーでも同じ対応ができることを目的に、松戸市では「介護予防ケアマネジメントマニュアル」を作成しました。基本的にはマニュアルどおり、利用者の状態を鑑みながらサービスや事業対象を選定していきます。

　ただし、認定申請が必要か否かのアセスメントは各自の技量によるところは否めません。その意味では、マニュアルは必要不可欠ですが、各ケアマネジャーの研鑽も忘れてはなりません。

コラム

総合事業が始まって…

　筆者が勤務する地域包括支援センターの職員の間で、総合事業が始まってからを振り返ってみたところ、「総合事業が始まったのをきっかけに、改めて、本人にとって適切な支援とは何かを考え直し、自分が担当する地域はどんな地域かを見つめ直すことになり、大変だけど、とてもいい機会になった」という感想が聞かれました。その反面、「どうなっていくんだろう」という不安の声も聞かれました。期待と不安が入り混じった状態でしょうか…。開始当初は、事前に予測しなかった問題も発生します。準備不足だったと感じることも多いです。しかし、大切なのは、課題を一つ一つ解決していくことだと思います。そういった意味では、今回の課題の整理は重要です。

(資料4-1)基本チェックリストの考え方

基本チェックリストの考え方

【共通的事項】
① 対象者には、深く考えずに、主観に基づき回答してもらって下さい。それが適当な回答であるかどうかの判断は、基本チェックリストを評価する者が行って下さい。
② 期間を定めていない質問項目については、現在の状況について回答してもらって下さい。
③ 習慣を問う質問項目については、頻度も含め、本人の判断に基づき回答してもらって下さい。
④ 各質問項目の趣旨は以下のとおりです。各地域の実情に応じて適宜解釈していただいて結構ですが、各質問項目の表現は変えないで下さい。

	基本チェックリストの質問項目	基本チェックリストの質問項目の趣旨
1~5までの質問項目は日常生活関連動作について尋ねています。		
1	バスや電車で1人で外出していますか	家族等の付き添いなしで、1人でバスや電車を利用して外出しているかどうかを尋ねています。バスや電車のないところでは、それに準じた公共交通機関に置き換えて回答して下さい。なお、1人で自家用車を運転して外出している場合も含まれます。
2	日用品の買い物をしていますか	自ら外出し、何らかの日用品の買い物を適切に行っているかどうか(例えば、必要な物品を間違いなく購入しているか)を尋ねています。頻度は、本人の判断に基づき回答して下さい。電話での注文のみで済ませている場合は「いいえ」となります。
3	預貯金の出し入れをしていますか	自ら預貯金の出し入れをしているかどうかを尋ねています。銀行等での窓口手続きも含め、本人の判断により金銭管理を行っている場合に「はい」とします。家族等に依頼して、預貯金の出し入れをしている場合は「いいえ」となります。
4	友人の家を訪ねていますか	友人の家を訪ねているかどうかを尋ねています。電話による交流は含みません。また、家族や親戚の家への訪問は含みません。
5	家族や友人の相談にのっていますか	家族や友人の相談にのっているかどうかを尋ねています。面談せずに電話のみで相談に応じている場合も「はい」とします。
6~10までの質問項目は運動器の機能について尋ねています。		
6	階段を手すりや壁をつたわらず	階段を手すりや壁をつたわらずに昇っているかどうかを

	に昇っていますか	尋ねています。時々、手すり等を使用している程度であれば「はい」とします。手すり等を使わずに階段を昇る能力があっても、習慣的に手すり等を使っている場合には「いいえ」となります。
7	椅子に座った状態から何もつかまらず立ち上がっていますか	椅子に座った状態から何もつかまらずに立ち上がっているかどうかを尋ねています。時々、つかまっている程度であれば「はい」とします。
8	15分位続けて歩いていますか	15分位続けて歩いているかどうかを尋ねています。屋内、屋外等の場所は問いません。
9	この1年間に転んだことがありますか	この1年間に「転倒」の事実があるかどうかを尋ねています。
10	転倒に対する不安は大きいですか	現在、転倒に対する不安が大きいかどうかを、本人の主観に基づき回答して下さい。
11〜12までの質問項目は低栄養状態かどうかについて尋ねています。		
11	6ヵ月で2〜3Kg以上の体重減少がありましたか	6ヵ月間で2〜3Kg以上の体重減少があったかどうかを尋ねています。6ヵ月以上かかって減少している場合は「いいえ」となります。
12	身長、体重	身長、体重は、整数で記載して下さい。体重は1カ月以内の値を、身長は過去の測定値を記載して差し支えありません。
13〜15までの質問項目は口腔機能について尋ねています。		
13	半年前に比べて固いものが食べにくくなりましたか	半年前に比べて固いものが食べにくくなったかどうかを尋ねています。半年以上前から固いものが食べにくく、その状態に変化が生じていない場合は「いいえ」となります。
14	お茶や汁物等でむせることがありますか	お茶や汁物等を飲む時に、むせることがあるかどうかを、本人の主観に基づき回答して下さい。
15	口の渇きが気になりますか	口の中の渇きが気になるかどうかを、本人の主観に基づき回答して下さい。
16〜17までの質問項目は閉じこもりについて尋ねています。		
16	週に1回以上は外出していますか	週によって外出頻度が異なる場合は、過去1ヵ月の状態を平均して下さい。
17	昨年と比べて外出の回数が減っていますか	昨年の外出回数と比べて、今年の外出回数が減少傾向にある場合は「はい」となります。
18〜20までの質問項目は認知症について尋ねています。		
18	周りの人から「いつも同じ事を聞く」などの物忘れがあると言われますか	本人は物忘れがあると思っていても、周りの人から指摘されることがない場合は「いいえ」となります。

19	自分で電話番号を調べて、電話をかけることをしていますか	何らかの方法で、自ら電話番号を調べて、電話をかけているかどうかを尋ねています。誰かに電話番号を尋ねて電話をかける場合や、誰かにダイヤルをしてもらい会話だけする場合には「いいえ」となります。
20	今日が何月何日かわからない時がありますか	今日が何月何日かわからない時があるかどうかを、本人の主観に基づき回答して下さい。月と日の一方しか分からない場合には「はい」となります。
21〜25までに質問項目はうつについて尋ねています。		
21	（ここ2週間）毎日の生活に充実感がない	ここ2週間の状況を、本人の主観に基づき回答して下さい。
22	（ここ2週間）これまで楽しんでやれていたことが楽しめなくなった	
23	（ここ2週間）以前は楽に出来ていたことが今ではおっくうに感じられる	
24	（ここ2週間）自分が役に立つ人間だと思えない	
25	（ここ2週間）わけもなく疲れたような感じがする	

（資料４－２）運動器機能向上等プログラム参加に係るチェックシート

松戸市版　運動器機能向上等プログラム参加に係るチェックシート

　事業対象者は、要介護（要支援）認定のプロセスを踏まないことから、「医師意見書」による医療情報が得られなくなるため、本人や家族等から丁寧に聞き取る必要がある。
　特に運動器機能向上等身体に付加が加わる可能性があるプログラムに参加する場合は、以下の様式等を活用し、サービス提供事業者と共有する。

松戸市版　運動器機能向上等プログラム参加に係るチェックシート

氏名（　　　　　　　　　　）

	質問	はい	いいえ	
A	この3ヶ月間で1週間以上にわたる入院をしましたか？（「はい」または「いいえ」に〇をつける）	はい	いいえ	

「はい」の場合、その理由は何ですか？（当てはまる理由に〇をつける）
- 〇 重い高血圧、脳卒中（脳出血、脳梗塞、くも膜下出血）
- 〇 心臓病（不整脈、心不全、狭心症、心筋梗塞）
- 〇 糖尿病、呼吸器疾患などのため
- 〇 骨粗鬆症や骨折、関節症などによる痛みのため
- 〇 その他（具体的にご記入ください）
（　　　　　　　　　　　　）

	質問	はい	いいえ
B	あなたはかかりつけの医師等から「運動を含む日常生活を制限」されていますか？（「はい」または「いいえ」に〇をつける）	はい	いいえ

「はい」の場合、その理由は何ですか？（当てはまる理由に〇をつける）
- 〇 重い高血圧、脳卒中（脳出血、脳梗塞、くも膜下出血）
- 〇 心臓病（不整脈、心不全、狭心症、心筋梗塞）
- 〇 糖尿病、呼吸器疾患などのため
- 〇 骨粗鬆症や骨折、関節症などによる痛みのため
- 〇 その他（具体的にご記入ください）
（　　　　　　　　　　　　）

C 以下のご質問にお答えください（「はい」、「いいえ」、または「わからない」に〇をつける）

	質問	はい	いいえ	わからない
C1	この6ヶ月以内に心臓発作または脳卒中を起こしましたか？	はい	いいえ	
C2	重い高血圧（収縮期血圧180mmHg以上、拡張期血圧110mmHg以上）がありますか？	はい	いいえ	わからない
C3	糖尿病で目が見えにくくなったり、腎機能が低下、あるいは低血糖発作などがあると指摘されていますか？	はい	いいえ	わからない
C4	この1年間で心電図に異常があるといわれましたか？	はい	いいえ	わからない
C5	家事や買い物あるいは散歩などでひどく息切れを感じますか？	はい	いいえ	
C6	この1ヶ月以内に急性な腰痛、膝痛などの痛みが発生し、今も続いていますか？	はい	いいえ	

出典：介護予防マニュアル改訂版　平成24年3月　介護予防マニュアル改定委員会

松戸市作成

4．居宅介護支援事業所との協力体制

（資料4－3）介護サービス利用時診断書

介護サービス利用時診断書

氏　名		生年月日	
住　所		電　話	

病名（症状）

既往歴

診断項目等	(1) 喀痰検査または胸部X線検査で結核の疑いが　　　　　　（　ある　なし　）
	(2) 疥癬を示唆する所見が　　　　　　　　　　　　　　　　（　ある　なし　）
	(3) MRSA感染症が　　　　　　　　　　　　　　　　　　　　（　ある　なし　）
	（MRSAの症状がない場合は保菌の有無の確認も不要です）
	「あり」の場合は、その部位を記載してください
	（部位：　　　　　　　　　　　　　　　　　　　　　　）
	(5) 入浴の可否　　　　　　　　　　　　　　　　　　　　　（　可　　否　）

入浴およびリハビリテーションが可能な場合は血圧・体温をご教示ください
　　収縮期血圧　　　　　　　　　　　mmHg以下で入浴可能
　　体温　　　　　　　　　　　　　　℃以下で入浴可能

その他注意事項記入欄

上記のとおり診断します
　　平成　　　年　　　月　　　日

　　　　　　　　　　　　　医療機関名

　　　　　　　　　　　　　医師氏名　　　　　　　　　　　　印

（松戸市施設・居宅サービス共通）　　初回利用時のみ提出・診断日より一年間有効
　　　　　　　　　　　　　　　　　　松戸市医師会在宅ケア委員会

松戸市医師会在宅ケア委員会作成

第4章　地域包括支援センターの実践課題

5. 給付管理事務における留意点

（1）給付管理業務

　総合事業では、原則として、指定事業者のサービスを利用する場合にのみ給付管理を行います。指定事業者とは、現行の訪問介護・通所介護相当と緩和した基準によるサービスであり、限度額管理の対象外であるその他のサービスの給付管理は行いません。

　なお、事業対象者の区分支給限度額は、要支援1の区分支給限度額を目安とすることとされていますが、退院直後で集中的にサービス利用することが自立支援につながると考えられるケース等、利用者の状態によって区分支給限度額を超える場合においては、要支援2の区分支給限度額を上限とすることとなっています。

　また、従来の予防給付サービスと総合事業サービス（例えば福祉用具レンタルと訪問型サービス共に利用）を併用する場合の給付管理については、予防給付の支給限度額の範囲で給付と事業を一体的に行います。そして、給付管理業務を行ったケアマネジャーに支払われる報酬は、「介護予防支援費」（サービス種類コード46）です。

　もっとも、要支援1・2の利用者であっても、予防給付サービスを利用せず、総合事業サービス（例えば訪問型サービスや通所型サービス等）のみ利用した場合、ケアマネジャーへの報酬は、「介護予防ケアマネジメント費」（サービス種類コードAF）となっています。

　外部委託している利用者の給付管理・請求については、松戸市では『請求者連絡票』（資料4－4）を作成し、委託先ケアマネジャーとの事務連絡ツールとして利用しています。

（2）初回加算

　初回加算の算定については、基本的には介護予防支援費に準じています。ただし、総合事業移行前に予防給付を受けていた利用者が、要支援の認定有効期間が満了し翌月から基本チェックリストによってサービス事業対象者として総合事業のサービスを利用した場合、総合事業開始月に初回加算の算定を行うことはできません。

（3）月額包括報酬の月途中での日割り請求

　訪問型・通所型サービスの「月額包括報酬の月途中での日割り請求」において、

5. 給付管理事務における留意点

(資料4-4) 請求者連絡票

介護予防請求者連絡表 (　月分)　送信枚数　　枚　　(送信日) 平成　年　月　日

<送信先>
地域包括支援センター
TEL:
FAX:

<送信元>
TEL:
FAX:

【提出期日】毎月6日。6日が土日祝の場合はその日の前、最も近い平日まで。
※請求前に、ケアプランを包括にご提出いただいているかの確認をお願いいたします。
※「区変中」「要介護に移行」のご利用者名もご報告下さい。

	(利用者)氏名	担当CM	当月分	月遅れ		初回加算	介護予防支援	総合事業ケアマネジメント			備考(修正理由・住所地特例等を記載)	包括使用欄	
				新規	修正			A	B	C		プラン確認	給付管理表
例	松戸 太郎	千葉 花子		1月分	○			○			訪問型サービスの実績に過誤があったため修正		
例	松戸 太郎	千葉 花子	○					○			当月から福祉用具貸与開始		
1													
2													
3													
4													
5													
6													
7													
8													
9													
10													
11													
12													
			合計件数										

予防給付ではなかったケースでの適用が追加されたことに注意が必要です。すなわち、「開始月」の日割り事由として「利用者との契約開始」（起算日は契約日）が追加され「終了月」の日割り事由として「利用者との契約解除」（起算日は契約解除日。ただし、引き続き月途中からの開始事由がある場合は、その前日）が追加されました。委託ケアマネジャーやサービス事業所への周知が必要と思われます。

（4）住所地特例

　住所地特例対象者に対する介護予防支援及び介護予防ケアマネジメントは、平成27年4月以降、施設所在市町村が指定した介護予防支援事業者（地域包括支援センター）が行うこととなっています。

　指定事業者による提供サービス分についての費用の支払いは、国保連経由で行うことを原則とし、国保連を通じて指定事業者が保険者市町村に請求し、保険者市町村が支払うこととなっています。住所地特例における介護予防ケアマネジメントの費用については、国保連において全国の市町村と一括して財政調整することができる仕組みを利用して、年に1回支払い請求をするものとされています。

　総合事業は平成29年3月末まで市町村ごとに事業実施の猶予を認めることとしていることから、住所地特例対象者においては、保険者市町村と施設所在市町村で受けることができるサービス（予防給付と総合事業のサービス）が異なることがあります。その場合においては、住所地特例対象者が円滑にサービスを利用することができるよう施設所在市町村の状況に合わせてサービスを利用できることとされています。

　すなわち、保険者市町村が総合事業を実施していなくとも、施設所在市町村が総合事業を実施していれば、住所地特例対象者は施設所在市町村の総合事業サービスを利用できます。この場合、総合事業を実施していない保険者市町村に対して総合事業費の請求が行われることとなりますが、対象の保険者市町村は国保連合会に対して支払いを行えるように適切に措置するよう通知がなされています。

（5）サービス事業者が総合事業の指定事業者であることの確認

　なお、事業対象者が保険者市町村外に立地するサービス事業所を利用開始する場合には注意が必要です。そのサービス事業所が保険者市町村の総合事業指定事業者であるかを事前に確認しなければなりません。

　特に、平成27年4月以降に開業した事業所は「みなし指定」を受けていないた

め、保険者市町村の総合事業指定事業者でない可能性があります。総合事業開始直後は関係各者の理解が不十分なところもあったため、うっかりサービス利用をしてしまっていたことに後で気付いたという実例がありました。

(6) 保険者市町村担当課との連携

総合事業開始後は、介護・介護予防給付の制度・システムに総合事業の制度・システムが加わり並行運用されるため、利用者が両制度間を移動(要介護・要支援⇔総合事業)する際に制度・システム上の予期できなかった問題や矛盾が発生することがありました。

例えば、事業対象者が要介護・要支援認定申請を行い暫定予防プランで総合事業サービスを利用する場合、もしも要介護認定が出た場合は給付ができないことも起こりえます。また、要介護・要支援認定者のケアマネジャーが、本人・家族に説明した上で、認定更新申請ではなく総合事業対象者となることを選択し暫定プランを作成したにもかかわらず、総合事業の意味を理解できていなかった利用者・家族のもとに市役所から認定期間終了と認定更新手続きの案内文が届き、本人・家族が認定更新申請書を提出してしまい、そのことをケアマネジャーが知らないまま要介護・要支援認定が出てしまうことも起こりえます。

各市町村によって運用ルールや使用しているシステムソフトが異なるので、発生するトラブルはそれぞれ違ってくるでしょうが、そのことで給付ができない、サービスが利用できない等、利用者が損害を被ることがあってはなりません。対策として、万全な準備をしたつもりでも総合事業開始直後には何らかの多くの問題や矛盾が出てくるということを前提に、スムーズに保険者市町村担当課と地域包括支援センターによる話し合い・調整・関係各者への情報伝達による再発防止が行われる仕組みや特命チームを整えておけばよかったと後になって思いました(私たちにはそのような準備の必要性を考える余裕はありませんでした。)。

(7) 国保連合会を経由した支払いについて

総合事業のみを利用する利用者の介護予防ケアマネジメント費は地域包括支援センターの委託料とともに市町村が行うのが基本ですが、市町村の審査支払いに関する事務が軽減できるよう、千葉県では現行の給付と同様、国保連合会の審査支払いを活用することができます。ただし、指定事業者によるサービスの場合に限られます。図4-1から図4-4において、国保連合会経由の場合の事務フローと事務の内容を示しています。図4-1、図4-2は利用者が総合事業のみを利

図4-1 事業のみ利用する場合の事務フロー（国保連経由）

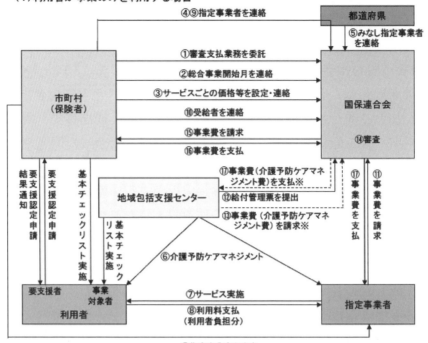

出典：厚生労働省事務連絡「介護保険事務処理システム変更に係る参考資料（確定版）」（平成27年3月31日事務連絡）より抜粋

用する場合です。図4-3、図4-4は利用者が予防給付と総合事業を利用する場合です。

5．給付管理事務における留意点

図4－2　事業のみの場合の事務内容（国保連経由）

①～⑰は前頁の図に対応している。総合事業で新たに対応する必要がある項目は★印にて示す。

分類	No	事務処理内容	
事前準備	①★	審査支払業務を委託	市町村が、国保連合会と委託書を締結し、国保連合会へ総合事業の審査支払業務を委託する。
	②★	総合事業開始月を連絡	市町村が、国保連合会へ「保険者異動連絡票情報」を送付する。
	③★	サービスごとの価格等を設定・連絡	市町村が、国保連合会へ「介護予防・日常生活支援総合事業サービスコード異動連絡票情報」を送付する。国保連合会で審査支払を行うサービス種類は、介護予防・生活支援サービス（訪問型サービス、通所型サービス、その他の生活支援サービス及び介護予防ケアマネジメント）であり、一般介護予防事業は対象外となる。※国保連合会で審査支払をしないサービスについては送付する必要はない。
	④★	指定事業者を決定・連絡	市町村が、指定事業者を決定し、都道府県経由で、国保連合会へ「事業所異動連絡票情報」を送付する。
	⑤★	みなし指定事業者を連絡	都道府県が、国保連合会へみなし指定事業者（※）分の「事業所異動連絡票情報」を送付する。※平成27年3月31日時点で、介護予防訪問介護・介護予防通所介護・介護予防支援の指定を受けている事業所を総合事業の指定を受けたものとして、「事業所異動連絡票情報」を送付する。
サービス提供月前月	⑥	介護予防ケアマネジメント	地域包括支援センターは、利用者・事業者と調整して、介護予防ケアマネジメントを行う。
サービス提供月	⑦	サービス実施	事業者が利用者へサービス実施。
	⑧	利用料支払（利用者負担分）	利用者は事業者へ利用料を支払う（利用者負担分）。
サービス提供月翌月 月初	⑨	指定事業者を連絡	事業所情報に異動があった場合に、市町村が、都道府県経由で、国保連合会へ「事業所異動連絡票情報」を送付。
	⑩	受給者を連絡	受給者情報に異動があった場合に、市町村が「受給者異動連絡票情報」を国保連合会へ送付。※要支援者及び事業対象者の情報を送付する。※要支援者については、従来、送付されている「受給者異動連絡票情報」の情報を活用するため、総合事業開始時に新たに送付する必要はない。
10日まで	⑪	事業費を請求	事業者は国保連合会へ請求明細書を提出して、事業費を請求する。
	⑫	給付管理票を提出	地域包括支援センターは国保連合会へ給付管理票を提出する。※給付管理の審査を行う場合は給付管理票の提出が必要。行わない場合は提出は不要。
	⑬	事業費（介護予防ケアマネジメント費）を請求	請求明細書（介護予防ケアマネジメント費）を提出する。※介護予防ケアマネジメント費の審査支払を国保連合会に委託しない場合は請求は不要。
〜	⑭	審査	国保連合会は審査を行う
20日まで	⑮	事業費を請求	国保連合会は市町村へ事業費及び審査支払手数料を請求する。
サービス提供月翌々月 25日まで	⑯	事業費を支払	市町村は国保連合会へ事業費及び審査支払手数料を支払う。
月末まで	⑰	事業費を支払	国保連合会は事業者へ事業費を支払う。

＜留意事項＞
1 市町村は、利用者、地域包括支援センター及び事業者へ介護予防・日常生活支援総合事業のサービス内容、サービスコード、単位数、利用者負担等を十分に周知すること。
2 「市町村」と記載がある箇所は、広域連合及び政令市の場合は「保険者」と読み替える。

出典：厚生労働省事務連絡「介護保険事務処理システム変更に係る参考資料（確定版）」（平成27年3月31日事務連絡）より抜粋

図4－3　予防給付と事業を利用する場合の事務フロー（国保連経由）

(2)利用者が予防給付と事業を利用する場合

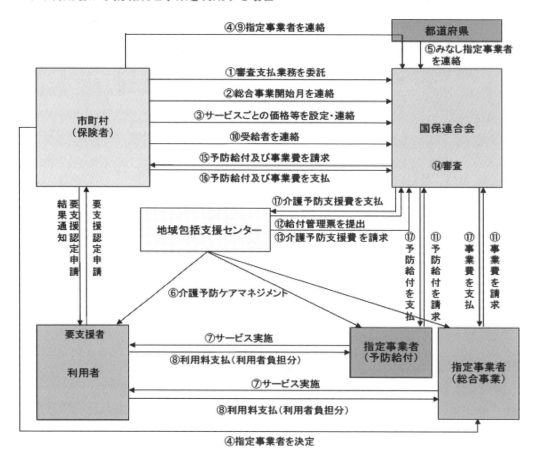

出典：厚生労働省事務連絡「介護保険事務処理システム変更に係る参考資料（確定版）」（平成27年3月31日事務連絡）より抜粋

5. 給付管理事務における留意点

図4-4　予防給付と事業を利用する場合の事務内容（国保連経由）

①～⑰は前頁の図に対応している。総合事業で新たに対応する必要がある項目は★印にて示す。

分類	No	事務処理内容	
事前準備	①★	審査支払業務を委託	（1）と同様
	②★	総合事業開始月を連絡	
	③★	サービスごとの価格等を設定・連絡	
	④★	指定事業者を決定・連絡	
	⑤★	みなし指定事業者を連絡	
サービス提供月前月	⑥	介護予防ケアマネジメント	地域包括支援センターは、利用者・事業者と調整して、介護予防ケアマネジメントを行う。
サービス提供月	⑦	サービス実施	事業者が利用者へサービス実施。
	⑧	利用料支払（利用者負担分）	利用者は事業者へ利用料を支払う（利用者負担分）。
サービス提供月翌月 月初	⑨	指定事業者を連絡	事業所情報に異動があった場合に、市町村が、都道府県経由で、国保連合会へ「事業所異動連絡票情報」を送付。
	⑩	受給者を連絡	受給者情報に異動があった場合に、市町村が「受給者異動連絡票情報」を国保連合会へ送付。※要支援者については、従来、送付されている「受給者異動連絡票情報」の情報を活用するため、総合事業開始時に新たに送付する必要はない。
サービス提供月翌月 10日まで	⑪	予防給付及び事業費を請求	事業者は国保連合会へ請求明細書を提出して、予防給付及び事業費を請求する。
	⑫	給付管理票を提出	地域包括支援センターは国保連合会へ給付管理票を提出する。
	⑬	介護予防支援費を請求	請求明細書（介護予防支援費）を提出する。
サービス提供月翌々月 ～	⑭	審査	国保連合会は審査を行う
20日まで	⑮	予防給付及び事業費を請求	国保連合会は市町村へ予防給付、事業費及び審査支払手数料を請求する。
25日まで	⑯	予防給付及び事業費を支払	市町村は国保連合会へ予防給付、事業費及び審査支払手数料を支払う。
月末まで	⑰	予防給付及び事業費を支払	国保連合会は事業者へ予防給付及び事業費を支払う。

＜留意事項＞
1　市町村は、利用者、地域包括支援センター及び事業者へ介護予防・日常生活支援総合事業のサービス内容、サービスコード、単位数、利用者負担等を十分に周知すること。
2　「市町村」と記載がある箇所は、広域連合及び政令市の場合は「保険者」と読み替える。

出典：厚生労働省事務連絡「介護保険事務処理システム変更に係る参考資料（確定版）」（平成27年3月31日事務連絡）より抜粋

コラム

余談ですが…

　総合事業が始まり、新規で半日の通所型サービスＡ（従前相当サービス）に参加した今井さん（仮名）は、脳梗塞の後遺症で体幹バランスが不安定でした。最初は起居動作もぐらつき、転倒の不安を抱えながら恐る恐る行っていました。今井さんが通う通所型サービスは、スリングロープという器具を利用してリハビリを中心に行うところで、体感バランスの悪い今井さんはロープに捕まり筋力向上の訓練に取り組めるリハビリスタイルがとても合っているということでした。3か月を過ぎた頃には、動作全般に改善が見られ自立した生活が可能でしたが、転倒しないよう、かなり慎重に動いていることもあり、短時間で疲労を感じる状況でした。客観的には何の支援も必要ないように見える状態だったため、デイサービスの利用から地域活動への参加に移行し、機能を維持していくことを勧めました。しかし、本人は一人暮らしであり、脳梗塞を発症したことにかなり精神的ショックを受け、今後の生活に不安を抱えていたので、半年後に基本チェックリストを実施すると、まだ支援を必要とする主観が大きく反映し、自分の機能を過小評価したことから退院時より悪い評価となってしまいました。細かな聞き取りを行わなければ、精神面での本人の困難さは見えてこなかったのです。

　また、機能回復を支えてくれた場所・人への依存的感情が生じることも多く、そこからの卒業を提案するケアマネジャーに不信感さえ示すこともあります。利用を続け、慣れ親しんだ施設を離れる支援がどれだけ困難なことかは、ケアマネジャーなら誰でも感じたことがあるのではないでしょうか。今回、今井さんは、退院後速やかにリハビリに取り組めば改善し、サービスの利用を終了できることが見込まれ、総合事業で通所型サービスＡ（従前相当サービス）を利用することになりました。しかし、通所型サービスＡ（従前相当サービス）は継続利用が可能であるため、周囲の利用者は当たり前のように継続利用しています。利用し始めてから、自分一人でそこから離れていくのは容易ではありません。最初から通所型サービスＣ（短期集中予防）の利用につなげていればどうだっただろうかとも考えました。

　しかし、介護予防レベルの利用者は、これまでの社会生活をそれなりに維持しているため、知り合いからの口コミもあり、フィットネスジムに行く感覚で半日のリハビリ型デイサービスの利用を希望することも多くあります。「ずっと私もこのデイサービスに行きたいと思っていて、やっと資格をもらえた。」と言う利用者もいるくらいです。

第5章 市町村実務担当者の実践課題

1. 総合事業への移行

　筆者が従事している松戸市は、平成26年12月12日に開催された高齢者保健福祉推進会議（計画策定のための会議）から制度移行の作業に入りました。しかし、担当部署職員が総合事業を理解する期間として1か月費やしたのが実情です。それから庁内の勉強会、介護サービス事業者等への説明会を順次実施しました。

　理解したことを簡略化し説明資料に置き換え、説明しましたが、文面に残しても伝わらないことがあります。やはり従来の介護保険制度の流れが頭にあると理解することは大変難しいと筆者自身も感じました。

　なぜなら、平成27年4月の介護保険制度改正は市町村の考え方次第で汎用性が高く持たせられる仕組みとなっているからです。従来の介護保険制度（給付部分）は、規定されていることが多く、運用の部分でも決められたことを決められたとおりにやることが重要でした。

　現在でも介護保険はあくまで「社会保険制度」ですので、大きなところは変わっていませんが、住所地特例者に対する各サービスの実施主体の変更からも感じられるように（表5－1）、運用面も保険者視点から利用者視点に変わったと感じています。そのため、市町村は地域の実情を把握し、制度の運用方法を考えなければいけなくなりました。

表5－1　住所地特例者に対する各サービスの実施主体

サービス名	改正前	H27.4〜	（参考）総合事業の実施を猶予する場合
介護予防ケアマネジメント（旧制度：包括的支援事業）	保険者市町村	—	施設所在市町村
介護予防ケアマネジメント（新制度：総合事業）	—	施設所在市町村 ※国保連経由で財源調整	※国保連経由で財源調整
介護予防支援	保険者市町村	施設所在市町村 ※国保連に請求し保険者が支払	施設所在市町村 ※国保連に請求し保険者が支払
包括的支援事業	保険者市町村	施設所在市町村	施設所在市町村

（平成27年4月の改正介護保険法施行に係る住所地特例の取扱い（介護予防支援・介護予防ケアマネジメント）について（平成27年2月27日厚生労働省老健局振興課）参照）

そして、実際に平成27年4月に移行してみると第4章で記載されているような想定外のことが起こりました。

「説明したから知っているだろう」「理解してもらえただろう」「きっとこう考えるだろう」といった考え方は非常に危ういと実感しました。

2. 制度移行を振り返って

（1）総合事業移行前に実施すべきこと

① 外部への説明

特に、医療ソーシャルワーカー（以下、「MSW」）を含めた医療関係者への説明が抜けてしまったと感じています。

要介護認定申請をする者の最初の情報収集する場として多くみられるのが、医療機関へ通院している者は「医師」、病院へ入院している者は「MSW」ということがあります。

介護保険制度改正だから介護サービス事業所への説明をしなければならないと考えるのではなく、相談から利用までの流れを今一度確認した上で、どこに説明をすべきだったかということを考えると実際の運用に生きてくると思いました。

② 市職員の総合事業への理解と庁内の連携

事業所説明会等を実施していくにつれて問い合わせが増えていきました。その中で一番の課題であると感じたのが「市職員」の総合事業への理解でした。

介護保険に関わる業務は、量・質の両方が必要とされるため業務量が膨大です。それもあいまって市職員の総合事業への理解が進んでいないことが分かり、時間外に介護保険に携わる課（介護保険課、高齢者支援課、生活支援課（福祉事務所））で勉強会を実施しました。勉強会といっても、ガイドラインを読んできてもらい、分からなかったところを質問し、理解している者が説明するというものです。この勉強会を実施したことで総合事業は様々な部署に関係するものであり、他人事ではないということを理解してもらえました。

そして、運用の流れについて、どこの課が何を実施するのか、2月頃より調整をし始めました。調整をした時期（事務分掌等が変更できない時期）の関係もあり、利用者や地域包括支援センターの職員等が分かりやすいような庁内の連携ができたとはいい難い状況でした。実際、職員用の総合事業実施マニュアルを作成してみましたが、運用し始めて方法を再検討し直す必要が生じてしまったため、要介護（要支援）認定申請、基本チェックリストの受付窓口、介護予防ケアマネ

ジメント、給付の担当課が異なる場合は総合事業移行前にシミュレーションをしてみる等、庁内の連携が必要不可欠であると思いました。

(2) 総合事業の運用
① 事業対象者の区分支給限度額
　給付管理業務における区分支給限度額において、国が示した『介護予防・日常生活支援総合事業のガイドライン』によると、「事業対象者につき、給付管理を行う際は、予防給付の要支援1の限度額を目安として行う。介護予防ケアマネジメントにおいては、指定事業者によるサービス以外の多様なサービス等の利用状況も勘案してケアプランを作成することが適当であり、利用者の状態※によっては、予防給付の要支援1の限度額を超えることも可能である。※例えば、退院直後で集中的にサービスを利用することが自立支援につながると考えられるようなケース等」とされています。
　松戸市は、区分支給限度額を設定する際、このガイドラインを参照し当該方法を取り入れました。運用してみると、ケアマネジャーからの相談は入るものの、事業対象者の区分支給限度額を要支援1の限度額から要支援2の限度額へ変更するための手続きはどこからも提出がありませんでした。
　なぜなら「退院直後で集中的にサービスを利用することが自立支援につながると考えられるようなケース等」を判断する明確な基準を作らなかったため、裁量がケアマネジャー及び市職員によって異なること、また、要支援1の限度額以上のサービス量が必要な者であれば要介護（要支援）認定申請をした方が適確かつ明確であったからだと思います。
　松戸市としてこの方法を取り入れたまま実施していくのか、方法を見直すのか検討が必要なことであると認識しています。
② 事業対象者の有効期間
　国の『「介護予防・日常生活支援総合事業のガイドライン」についてのQ＆A』にて通知されているとおり「基本チェックリストにより事業対象者になった者に関しては、有効期間という考え方はないが、サービス提供時の状況や利用者の状態等の変化に応じて、適宜、基本チェックリストで本人の状況を確認していただくことが望ましい。」とされていますが、松戸市では事業対象者に2年間の有効期間を設定しています。
　導入当初、有効期間がないということは、総合事業のサービス等を利用していない事業対象者の場合、見直しをする機会がなく、状態が悪化してから要介護認

定を受ける可能性があるのではないかと考えたからです。

　事業対象者は、掃除や買い物などの生活行為（IADL）の一部が難しくなっていますが、排せつ、食事摂取などの身の回りの生活行為（ADL）は自立している者などで、介護予防に取り組むことで、QOL（生活の質）の向上が見込まれます。そのため、本来、早期に状態の見直しをし、適切な介護予防を実施することが好ましいと考えました。

　この事業対象者に有効期間を設定するという取組みは、他自治体ではあまり実施していないため問い合わせ等も多くありました。有効期間を設定したことで短期的なデメリットとメリットがあったと感じています。短期的なデメリットとしては、介護保険システムからの被保険者証の発行の際、印字がされなく、移行当初はスタンプでの対応となったため事務作業量が増えたことです。

　メリットとしては、要介護（要支援）認定と同様に有効期間があるためケアマネジャーからの問い合わせ等は少なく混乱はありませんでした（多くの自治体が総合事業へ移行している現在では状況は異なってくるかもしれません）。

　松戸市では、2年後（平成29年度）に検証し、有効期間の設定について、今後も続けていくのか否かの方向性を示さなければならないでしょう。

③　サービスとケアマネジメント類型

　第1章のとおり、総合事業に移行した場合のケアマネジメントとして3パターンの類型が示されています。サービス及びケアマネジメントの類型が増えたことにより、ケアマネジャーは業務が複雑化したと負担に感じている場合があります。

　新しい制度を理解することは大変ですが、視点を変えてみると、サービス類型の多様化は、これまで制度の狭間にいた方も含め、地域の支え合いや介護予防の推進により、要支援者等に対する効果的かつ効率的な支援等が可能になり、ケアマネジメント類型は、ケアマネジャーの業務負担の軽減（ケアマネジメントB）や実情に合わせた報酬支払（ケアマネジメントC）ができるようになったと考えられます。

　松戸市は、総合事業に移行するにあたり、みなし指定（従前相当サービス）のみで実施したため、大半のケアマネジメントにおいて原則的な介護予防ケアマネジメントであるケアマネジメントAが活用されていました。その後、地域にある居場所・サロン等の把握を進めたことや通所型サービスCの終了後のセルフケアを重要視したことで、少しではありますがケアマネジメントCを採用するケースが出てきました。ケアマネジメントCは、自立支援に向けてセルフケア（自己管理）の推進が必要不可欠となるため、松戸市では、介護予防手帳の活用を推奨し

たいと考えています。現状は、要支援者等が主に活用するものとなっていますが、一般高齢者に対しても自己管理のためのツールとして活用が必要と考えています。なお、ケアマネジメントCの請求については、利用者との契約締結等の手続きが必要です。通常の総合相談ではそのような手続きを踏むことがないため、ケアマネジャーの負担軽減のためにも市町村は、利用者等へ制度改正の内容を理解していただけるよう丁寧な説明をすることが大切です。

また、ケアマネジメントBについては、総合事業に移行して1年を経過しても実績がない現状です。適用する利用者の状態を、「状態が安定していて、給付管理が必要ない場合」と制度上の整理を提示することはできますが、モニタリングの重要性等を鑑みると、「省略しても良いのか」結論を出すのは簡単ではないのでしょう。

ケアマネジメントについてどの類型を活用するのか、地域（自治体）資源の実情や利用者の状態に応じてケアマネジャーが選択できるよう具体的な提示が必要であり、今後、実績を積み上げていく必要があると思っています。

3. 要支援者等のマネジメント

地域包括支援センターでは、委託先のケアマネジャーを探すことに苦慮していると報告があります。松戸市として何かできないかということで、ケアマネジャー

表5-2　サービス事業のみ利用の場合のケアマネジメント費の例
　　　　（サービス提供開始の翌月から3か月を1クールとしたときの考え方）

ケアマネジメントプロセス	ケアプラン	利用するサービス		サービス提供開始月	2月目（翌月）	3月目（翌々月）	4月目（3ヶ月後）
原則的なケアマネジメント	作成あり	指定事業者のサービス	サービス担当者会議	○	×	×	○
			モニタリング等	―（※1）	○（※1）	○（※1）	○（面接による）（※1）
			報酬	基本報酬＋初回加算（※2）	基本報酬	基本報酬	基本報酬
		訪問型C・通所型Cサービス	サービス担当者会議	○	×	×	○
			モニタリング等	○	○	○	○
			報酬	基本報酬＋初回加算	基本報酬	基本報酬	基本報酬
簡略化したケアマネジメント		その他（委託・補助）のサービス	サービス担当者会議	△（必要時実施）	×	×	×
			モニタリング等	○	×	×	△（必要時実施）
			報酬	(基本報酬-X-Y)＋初回加算（※3）	基本報酬-X-Y	基本報酬-X-Y	基本報酬-X-Y
初回のみのケアマネジメント	作成なしケアマネジメント結果の通知	その他（委託・補助）のサービス	サービス担当者会議	×	×	×	×
			モニタリング等	×	×	×	×
			報酬	(基本報酬＋初回加算)を踏まえた単価（※4）	×	×	×
		一般介護予防・民間事業のみ	サービス担当者会議	×	×	×	×
			モニタリング等	×	×	×	×
			報酬	(基本報酬＋初回加算)を踏まえた単価（※4）	×	×	×

（※1）指定事業者のサービスを利用する場合には、給付管理票の作成が必要
（※2）基本報酬：予防給付の単価を踏まえた単価を設定
（※3）X：サービス担当者会議実施分相当単位、Y：モニタリング実施分相当単位
（※4）2月目以降は、ケアマネジメント費の支払いが発生しないことを考えて、原則的なケアマネジメントの報酬単価を踏まえた単価

（介護予防・生活支援総合事業のガイドライン参照）

向けに基本チェックリストの趣旨を理解していただき拒否反応が出ないように事例を用いてグループワーク形式の研修会を実施しました。

業務多忙の中、報酬単価が低く、説明の手間等がかかる要支援者等のケアマネジメントを受けてもらうためには何が必要か、今後も考え続ける必要があると感じています。

総合事業が始まり、地域包括支援センター職員の方々から「専門職・ケアマネジャーによるアセスメントによって必要なサービスとセルフケアを個々にプランニングしなければならない」「介護予防ケアマネジメントスキルを向上させなければならない」と認識したという言葉があったことから、要支援者等のケアプラン作成がケアマネジャーのステータスの一つとなったら状況が変わってくると思いました。

総合事業はサービスの切り貼りでは成り立たないものであり、利用者と家族、地域を見なければなりません。

高齢化が進み需要が増え、介護関係に就く専門職の供給が足らない中、大変な仕事ではあると思いますが、高齢者にいつまでも元気でいてもらうために、また、自分らしい生活をしてもらうために、状態が軽度のうちから適切なケアマネジメントが行われ、事業所、本人・家族、行政、そして地域のすべての方が共通の認識を持って取り組まれることで、より住みやすい地域となっていくのだと思います。

4. サービス単価と請求

(1) 従前相当サービス

① みなし指定

これまで、何度か触れられてきましたが、松戸市は総合事業の移行にあたり、まず今まで予防給付とされていた予防訪問介護と予防通所介護を基準も単価も変えず、そのまま市の事業である総合事業で実施しました。

ただ市の事業であっても、予防給付と同様に指定事業者制度により行うことには変わりなく、報酬の請求も各都道府県国民健康保険連合会を通じて行うことにも変わりはありません。

指定事業者制度により事業を実施するので、通常であれば総合事業の実施元である市町村に指定申請書等を提出し、その市町村から予防給付であった従前相当サービスの指定を新たに受けなければなりませんが、今回の総合事業への移行に

伴う経過措置として、「みなし指定」が採用されています。これは、「平成27年3月31日において予防訪問（通所）介護の指定を受けている事業所が、平成27年4月1日に全国すべての市から従前相当サービスの指定を受けるとみなされる」というもので、平成27年3月31日までに予防給付の予防訪問（通所）介護の指定を受けていれば、このみなし指定を受けることになり、事業所の所在する市町村が総合事業に移行したとしても指定申請等の手続きは必要ありません。

　なお、みなし指定の有効期間は原則平成30年3月末までとなっていますが、市町村ごとに有効期間を変更することが可能なので、事業所が所在する市町村のアナウンスを聞き漏らさないようにしてください。

② 新規、更新指定（みなし指定以外）

　市町村が総合事業に移行した後に、予防給付であった従前相当サービスの指定を受けたい場合は、市町村に指定申請書等を提出し、指定を受けなければなりません（市町村によっては公募等により指定事業者の選定を行っている場合もありますので、従前相当サービスの事業所開設を計画している法人等は当該市町村に確認することが必要です。ちなみに松戸市では計画上、従前相当サービスの供給量は満たされていると考え、現在のところ新規指定は行っていません。）。

　この指定申請書等の提出はみなし指定の有効期間が終了する市町村に所在する事業所も更新を受けるために必要です。市町村がみなし指定の有効期間を変更していなければ、平成30年4月に更新することになります。

　このとき気をつけなければならないのは、事業所に他市被保険者の利用者がいる場合です。みなし指定でない場合、指定の効力はその市町村圏域でのみ効力が及ぶことになるので、もし他市被保険者の利用者がいる場合はその利用者の保険者市町村に対しても指定申請書等を提出し、更新を受けなければなりません。つまり、事業所が所在する市町村（A）が平成30年3月にみなし指定の有効期間が終了するとしても、平成29年3月にみなし指定の有効期間が終了する市町村（B）被保険者の利用者がいる場合は平成29年4月にその市町村（B）の更新を受ける必要があります（図5-1）。

　総合事業における指定の取扱いについては、地域密着型サービスとほぼ同様であると考えるとわかりやすいと思いますが、この指定更新や他市被保険者のことについては市町村、事業所がお互いに気をつけることが大切だと思います。

③ 請求等

　前述したように従前相当サービスの単価は予防給付と変わりませんが、ケアマネジャーが作成するサービス提供票やサービス事業所が行う報酬請求時等に使用

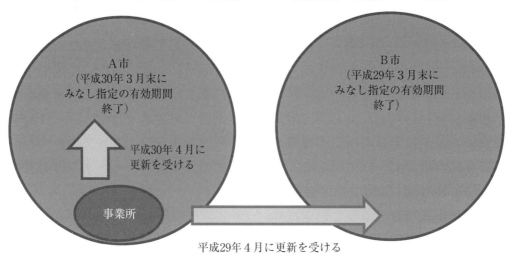

図5-1 A市に所在する事業所にB市の被保険者の利用者がいる場合

筆者作成による

されるサービス種類コードが以下のとおり変更となります（表5-3）。

みなし指定を受けた従前相当サービスの予防訪問介護は「A1」、予防通所介護は「A5」のサービス種類コードを使用することになり、新規指定（みなし指定以外）については、予防訪問介護は「A2」、予防通所介護は「A6」のサービスコードを使用することになります。

なお、今回の総合事業の移行に伴い、これまで予防給付で算定されていた1月の包括単価のみではなく、回数単価の導入も市町村ごとに可能となっています。その場合サービス種類コードが変更されるわけではなく、回数単価用のサービス項目コードが用意されます。ちなみに、松戸市ではケアマネジャーや事業所等の

表5-3 従前相当サービス種類コード

サービスの種類	予防給付 サービス種類コード	総合事業（みなし） サービス種類コード	総合事業（新規） サービス種類コード
予防訪問介護 （相当サービス）	61	A1	A2
予防通所介護 （相当サービス）	65	A5	A6

※設定サービス時間及び各種加算については変更がないため、サービス項目コードは同様である。（例：予防訪問介護Ⅰ： 611111 → A11111）

筆者作成による

混乱を最小限にするため、総合事業移行時に、この導入は行いませんでした。

(2) 緩和した基準によるサービス等

総合事業がスタートしたことにより、各市町村が独自で訪問型及び通所型のサービスをつくることが可能となりました。もちろん、その独自のサービスは市町村ごとに単価・利用料・内容・基準は異なることになります。市町村が独自サービスを指定事業者制度により実施し、事業所がそのサービスの指定を受けた場合、報酬請求時等に使用されるサービス種類コードは以下のいずれかになります（表5－4）。

報酬請求時等に使用されるサービスコードについても、市町村ごとに異なります。おそらく多くの市町村で独自サービスのサービスコード一覧及び総合事業単位数表マスタデータをホームページ等で公開すると思われますので、確認してみてください。現在松戸市では「Ａ4」と「Ａ8」コードを使用しています。

(3) 総合事業の指定を受けるにあたっての注意事項

① 契約書等について

総合事業の指定を受け、利用者にサービスを提供する際に交わす契約書等は予防給付ではなく総合事業の契約書を交わす必要があり、運営規程も総合事業用に作成しなければなりません。市町村によっては契約書等の例を示していることもあるので、参考にされると良いと思います。

② 基準について

これまで何度も松戸市は従前相当サービスを予防給付の基準も単価もそのままにして総合事業に移行したと述べてきたと思いますが、実は記録の保存期間を2年間から5年間に変更しています。

このように、従前相当サービスであっても、軽微に変更を加えている市町村もあるかと思いますので、注意が必要です。

表5－4　独自サービス種類コード

サービスの種類	総合事業（独自／定率）サービス種類コード	総合事業（独自／定額）サービス種類コード
訪問型サービス	Ａ3	Ａ4
通所型サービス	Ａ7	Ａ8

※従前相当サービスと同一のコード体系で単価のみを変更する場合は、Ａ2Ａ6を用いることが可能。

筆者作成による

(4) 介護予防支援費及び介護予防ケアマネジメント費

　地域包括支援センターがケアマネジメント料を請求する際に、介護予防支援費(予防給付)か介護予防ケアマネジメント費（総合事業）なのかわかりづらいところではありますが、基本的には総合事業のサービスのみ利用した場合は、介護予防ケアマネジメント費（総合事業）で請求し、それ以外はすべて、介護予防支援費（予防給付）で請求するという考えで問題ないかと思います（表5-5）。

表5-5　事業対象者及び要支援1・要支援2のケアマネジメント費等の区分
（平成28年4月現在）

利用者区分	サービス利用パターン例		ケアマネジメント費等の区分	支給限度額
事業対象者	事業（従前相当訪問型サービス）のみ		介護予防ケアマネジメント費	5,003単位 例外的に 10,473単位まで
	事業（従前相当通所型サービス）のみ			
	事業（緩和した基準によるサービス等）のみ			
	事業（上記の組合わせ）			
要支援1	給付のみ		介護予防支援費	5,003単位
	給付と	事業（従前相当訪問型サービス）		
		事業（従前相当通所型サービス）		
		事業（緩和した基準によるサービス等）		
	事業（従前相当訪問型サービス・従前相当通所型サービス・緩和した基準によるサービス等）のみ		介護予防ケアマネジメント費	
要支援2	給付のみ		介護予防支援費	10,473単位
	給付と	事業（従前相当訪問型サービス）		
		事業（従前相当通所型サービス）		
		事業（緩和した基準によるサービス等）		
	事業（従前相当訪問型サービス・従前相当通所型サービス・緩和した基準によるサービス等）のみ		介護予防ケアマネジメント費	

「総合事業実施に伴う　松戸市介護予防ケアマネジメントマニュアル」より改訂

第6章 居宅介護支援事業所における実践課題 〜民間ケアマネジャーの立場から〜

1. 総合事業における自立支援の考え方

（1）予防給付における自立支援の限界

　総合事業では、繰り返しになりますが「予防訪問介護」及び「予防通所介護」は予防給付の枠から外れ、「介護予防・生活支援サービス事業」の訪問型サービス及び通所型サービスとして位置付けられます。また、趣味活動等を通じた日中の居場所づくり、交流会・サロン等、すべての高齢者が利用可能なものとして「一般介護予防事業」の充実が推進されています。

　これらは、団塊の世代が75歳以上になる2025年に向けて市町村が主体となり進められている「地域包括ケアシステム」の構築とともに、地域の実情に応じたサービスや体制づくりをすることで、より効果的な自立支援を目指すものとなります。ADLは自立していますが、IADLの一部が難しくなっている要支援者等に対して、これまでのように「予防給付」における予防訪問介護および予防通所介護を中心としたサービスを画一的に当てはめているだけでは「自立支援」の効果は望めないとされました。

　そして、市町村が中心となって、住民が主体的に関われるように、それぞれの地域にあったサービスを構築することが求められています。それにより要支援者等が「意欲」を持ち、地域とのつながりを保ちながら閉じこもりがちなどの要介護状態への移行リスクを低減し、さらには心身機能の改善までつなげることが期待されています。

　また、新制度移行によって事業所単位で提供されてきたサービスのみではなく、ボランティア・近隣住民なども参画する多様なサービスや、「一般介護予防事業」の地域介護予防活動支援事業も活動の場として期待されます。これらのサービス利用を促す意味でも、ケアマネジャーの役割は大変重要なものとなります。

（2）要支援者等の意欲の維持・向上

　地域において高齢者の「自立」を支援するには、単にサービスや居場所を提供するだけでなく、それぞれが自らの健康や介護予防についての意識を持ち、それ

に基づいた生活スタイルにしていけることが重要となります。

そのため、総合事業では生活の中で生きがいや役割を持つことができるよう、ボランティアや住民主体の多様なサービス、運動教室などの活動、サロンなどの居場所づくりなど様々なサービス体系が介護保険制度内で位置付けられています。こうした社会的資源をケアプランに積極的に取り込み、主体的に生活する意欲を維持・向上することが「自立支援」「介護予防」につながると考えます。

(3) ケアマネジャーにとって初めての試み

総合事業では、サービスや各種事業が適切に利用され、要支援者等の自立支援に資するものとするため、介護予防ケアマネジメントが中心的な役割を担っています。しかし、総合事業開始以前における二次予防事業の介護予防ケアマネジメントは地域包括支援センターにて行われており、ケアマネジャーの業務ではありませんでした。そのため、総合事業に移行した際には、委託業務のケアプランにおいて、新たに「介護予防」の視点が各ケアマネジャーに問われることになりました。

委託を受けるケアマネジャーが「介護予防」の理念や概念をしっかりと認識していなければ、「従前相当サービス」のみをケアプランに盛り込み、多様なサービスが構築されても利用者への促しには消極的になってしまいます。その意味では、地域包括支援センター及び保険者である自治体が、委託を受けるケアマネジャーに対して、しっかりとした「介護予防」の理念を浸透させていくことが、総合事業におけるケアマネジメントの重要なポイントではないでしょうか。

(4) 制度化と報酬の壁

総合事業では、NPOやボランティア、住民主体の活動などを活用し、高齢者自身が介護予防に関わることやこれまでサービスで補っていたものを様々な事業に置き換えることで、サービスの充実と費用の効率化が図られています。

しかし、新たな多様なサービスは、多様な主体が制度に組み込まれるためには一定の基準をクリアーする必要があり、安直な制度化ではこれまでの活動等が阻害される恐れもあります。

また、既存の事業者の役割を明確にしなければ、単に報酬単価が安く、自己負担が安価なサービスに流れていく恐れもあります。

さらに、介護予防ケアマネジメント支援費（報酬）も高いとはいえず、自立の可能性の高い利用者に対して、前向きになり切れない現実もあります。

2. 居宅介護支援事業所におけるケアマネジャーの課題

(1) 総合事業における居宅介護支援事業所の役割

総合事業のガイドラインでは「居宅介護支援事業所が介護予防ケアマネジメントを行う場合も、地域包括支援センターは初回の介護予防ケアマネジメント実施時には立ち会うよう努めるとともに、地域ケア会議等を活用しつつ、その全てに関与する」と、地域包括支援センターの役割の重要性が強調されていますが、委託を受ける居宅介護支援事業所の責任も重要です。

地域包括支援センターと密接に連携しながら要支援者等の自立に向けたケアマネジメントをある程度の主体性を持って進める必要があります。

(2) 総合事業の活用と目標設定、プランの共有

既述の通り、総合事業では、これまで予防給付であった予防訪問介護や予防通所介護を、その他の生活支援サービスや介護予防ケアマネジメントとともに「介護予防・生活支援サービス事業」として位置付けています。

訪問型サービス及び通所型サービスは、「従前相当の訪問介護および通所介護」、「緩和した基準によるサービス（A型）」「住民主体の支援（B型）」「短期集中予防サービス（C型）」「移動支援（D型）」として類型化されています。また、全ての高齢者が利用可能な地域介護予防活動支援事業などの一般介護予防事業でも、様々な事業が想定されています。

実施主体は、これまでの介護事業所だけでなく、NPOや民間企業、協同組合、ボランティア、社会福祉法人、地縁組織、シルバー人材センター等と多様です。行政が多様なサービスとして位置付けるものは別として、その他地域でのインフォーマルな活動との連携を推進していくためには、地域包括支援センターを始め、特にケアマネジャーはそれぞれの関係者と連携しながら、ケアの目標や要支援者等の意向、ケアプランなどを共有していくことが求められています。

目標の設定に際しては、要支援者等の状態やおかれている環境等に応じて、自ら実施・評価できるような支援をすることで要支援者等の主体性・積極性を引き出し、効果的な自立支援に結びつけることが重要となります。

(3) 介護予防ケアマネジメントの委託を受けるメリット

利用者は歳を重ね、それに伴い重度化して要介護状態になることが想定されます。長い付き合いの中で、十分なコミュニケーションを図り培った人間関係は強

固なものとなり、いずれケアマネジャーが、介護給付のケアマネジメントを行うことになった際に大きなメリットとなることでしょう。こうした付き合いの長い利用者を持つためにも、介護予防ケアマネジメントの委託を受けることが重要となります。

　また、居宅介護支援事業所の9割程度は併設型であり、筆者の所属する事業所も併設型です。併設型の居宅介護支援事業所のメリット・デメリットについては様々なものが挙げられますが、いずれにしても、併設の事業所のサービスを優先的に使うという動機は常に付きまといます。筆者も、疾病や障害が固定化した要介護者を主に担当していると、利用者に快適な生活を送ってもらうため、ともすると従前型のサービスのみをケアプランに盛り込むことに集中し、区分支給限度額の帳尻合わせに終始しがちになることもあります。

　しかし、今後、地域包括ケアシステムが構築され、多職種協働や地域との連携の必要性が高くなるにつれて、ケアマネジャー自身の資質向上がより強く求められます。特に高齢者の自立支援に資するケアマネジメントを適切に行えることはケアマネジャーにとって必須となり、避けては通れないでしょう。

　総合事業対象者の委託を受けることにより、高い報酬は望めなくとも、地域包括支援センターや自治体の多様な資源との連携、利用者の意欲に対する働きかけ、利害関係を超えた公正中立なケアマネジメントなど様々な視点から多くの学びや示唆が得られることと思います。このように居宅介護支援事業所にとって、総合事業に関わることでこうしたメリットがあるため、一人でも多くのケアマネジャーが積極的に委託を受けることを期待します。

3. 地域包括支援センターとの連携

（1）ケースの紹介、引き継ぎ

　地域包括支援センターと居宅介護支援事業所のケアマネジメントにおける連携について、①新規で介護保険サービスを利用したいという相談が地域包括支援センターに来た際に、すでに要介護1～5の認定を受けていた場合、②介護認定は受けていないが、明らかに要介護1以上の認定を受ける状態像で、サービス利用の緊急性が高く、認定を先行してサービス利用を開始する場合、③要支援1・2の認定を受けた方が、更新認定や状態像の変化による区分変更申請において要介護1～5の認定を受けた際に、地域包括支援センターから居宅介護支援事業者がケースを引き継ぐ場合、④要支援1・2の介護予防支援又は総合事業対象者の介

護予防ケアマネジメントを委託する場合といったケースがあります。

但し、④の介護予防支援又は介護予防ケアマネジメントの委託については保険者（市町村）によって異なり、委託をせずに地域包括支援センターが全て担っている地域もあります。

（２）介護予防支援及び介護予防ケアマネジメントの責任主体
　指定介護予防支援及び介護予防ケアマネジメントにおいては、地域包括支援センターが行う業務とされており、指定介護予防支援及び介護予防ケアマネジメントの一部を指定居宅予防支援事業者に委託することができるものとされています。

　また、指定介護予防支援及び介護予防ケアマネジメントに係る責任主体は、指定介護予防支援事業者たる地域包括支援センターであり、委託を行った場合であっても、委託先の指定居宅介護支援事業者が介護予防ケアプランの原案を作成する場合には、当該計画が適切に作成されているか、内容が妥当かについて確認を行うこと、また、委託先の指定居宅介護支援事業者が評価を行った場合には、当該評価の内容について確認を行い、当該評価を踏まえ今後の指定介護予防支援及び介護予防ケアマネジメントの方針等を決定することとされています。

（３）委託数の制限がなくなる
　前述のとおり、介護予防支援及び介護予防ケアマネジメントの責任主体は地域包括支援センターですが、当該地域では居宅介護支援事業者への委託を行っています。以前は一人当たり８件という制限がありましたが、現在はなくなっており、上限なしに委託を受けることは可能となっています。しかし、現状として積極的に要支援１・２又は総合事業対象者を引き受ける居宅介護支援事業者は少なく、地域包括支援センターは委託先をあたるのに苦慮している状況です。委託が困難なことにより、計画作成担当者を増員している地域包括支援センターも出てきています。

（４）委託引き受けの困難要因
　居宅介護支援事業者が介護予防支援及び介護予防ケアマネジメントを積極的に引き受けられない状況として、①認知症、独居、医療ニーズ、老老（認認、老障）介護、虐待などの支援困難ケースが増えており、ケースを受け持つ余裕がない、②報酬単価が低いにも関わらず書類が煩雑で手間がかかる、という２点について

声が多く聞かれています。

①については、専従として35件前後の利用者を担当しているケアマネジャーにとって、法令に定められている定期訪問、モニタリング、サービス担当者会議の開催等や、日々の利用者・家族・事業者からの相談連絡、緊急対応、書類作成などに追われているのが現状です。

また、現に担当している要支援者について、法令上は3か月に1回の訪問とされていますが、更新の都度要支援と要介護を行き来しているような方の場合、毎月の訪問となったり、3か月に1回になったりと利用者の混乱を招くことや、自立度が高いゆえに相談や訴えが多いこともあり、毎月訪問をしているケースも多く聞かれています。②については、居宅介護支援費の場合毎月の報酬単価が、要介護1・2が約10,000円、要介護3・4・5が約13,000円に対して、介護予防支援及び介護予防ケアマネジメント費（プランA）については約4,300円と半額以下の設定となっています。

さらに、報酬の1割、中には2割が地域包括支援センターに差し引かれる地域もあります。特定事業所加算を取得していない小規模事業所においては、居宅介護支援事業所単体での事業経営は厳しく、サービス事業所を併設しているからこそ成り立っているものです。平成27年4月の介護保険制度改正において、特定事業所集中減算の要件が90％→80％に引き下げられたことも更なる事業経営の厳しさを増す要因となっています。

（5）居宅介護支援事業者の対応事例

前項で居宅介護支援事業者が介護予防支援及び介護予防ケアマネジメントを積極的に受け入れることが困難な状況を説明しましたが、実際の声として「余裕があれば引き受けたい」「現在担当している利用者は引き続き受け持って行きたい」など前向きな意見も聞かれています。また、新規としての受入が難しい状況であったとしても、担当している要介護の利用者を取り巻く環境の中で自然な流れで受け持つこともあるでしょう。

例えば、担当している要介護の利用者を介護している家族が、妻や夫といった配偶者であった場合。介護者自身も加齢や傷病によって何らかの支援が必要になることが考えられます。介護者が要支援認定を受けたり、総合事業対象者となった場合、委託が可能な市町村のケアマネジャーであれば、多くは夫婦共に支援することと思います。このようなケースで、積極的ではないにしても介護予防支援や介護予防ケアマネジメントに携わる機会があるかもしれません。専門職として

は、たとえ1件であったとしても担当する以上は制度を理解し、手順を踏んで「自立支援」に向けた取り組みをする必要があります。

4. 今後の取り組むべき課題

（1）通所型短期集中サービス（C型サービス：旧二次予防事業からの転換）

　総合事業がスタートしたことで、介護保険の既成枠にとらわれず、地域の特性に応じた多様なサービスが構築されることとなりました。総合事業が発展していくためには、多様なサービスが広がっていかなければなりません。しかし、多様なサービスの一つである、通所型サービスC（短期集中型）の説明を受けた介護支援専門員からは、「たった3か月で何が変わるのか？」「3か月過ぎてから元の生活に戻っては何の意味もない」という声が多く寄せられています。

　ケアマネジメントのプロセスには、アセスメント→目標設定とケアプランの作成→ケアプランの実施→モニタリング→再アセスメントという一連の流れがあります。居宅サービス計画の作成にあたっては、指定居宅介護支援の具体的取扱方針の中で、「介護支援専門員は、居宅サービス計画の作成に当たっては、利用者の自立した日常生活の支援を効果的に行うため、利用者の心身又は家族の状況等に応じ、継続的かつ計画的に指定居宅サービス等の利用が行われるようにしなければならない。」とされています。「継続的かつ計画的」という言葉のとおり、必要な介護保険サービスやインフォーマルサービスを計画的に位置付け、継続的に支援することで、現在の状態像が悪化しないようにすることがケアマネジメントには求められています。

　支援の終了については、在宅生活が困難になってきた際に、施設入所や医療機関への入院、家族との同居など、必要な引き継ぎを行うか、利用者がお亡くなりになるというケースは多く見られます。しかし、一定期間支援を行い、「卒業」という形で支援を終了するケースについてイメージを持ちづらく、短期集中型サービスについて拒否反応が起きてしまうのが現状です。

　介護予防ケアマネジメントにおいて大切なことは「セルフケア」をどのように引き出すかであり、「継続的かつ計画的」な支援が必要にならないようにするということです。計画を作成する上では、「自ら介護予防に取り組むきっかけづくり」と考えると受け入れやすいのではないでしょうか。一定期間の支援により介護予防への取り組みが日常の生活習慣として定着し、結果として「介護が必要な状態にならない又は遅らせる」ことができます。既存の形、考え方に固執せず、これ

から構築される地域ごとの特性に応じた多様なサービスに対応していくことが求められています。

(2) 医療情報の不足

　要介護（要支援）認定は、認定調査と主治医による意見書により行われますので、介護支援専門員は担当する段階で認定情報を取得し、主治医意見書に記載されている内容を確認することができます。利用者本人、家族からのアセスメントでは得られなかった病歴や現在の病状に対する主治医の所見は、居宅サービス計画を作成する上でとても重要な意味を持っています。しかし総合事業の利用にあたっては、25項目のチェックリストのみで認定を受けることができるようになりました。そこで松戸市では運動器機能向上等プログラムに参加する際はチェックシートを活用し、重い高血圧や脳卒中、心臓病、糖尿病、骨粗しょう症などの項目にチェックが入った方については、別途、医師の判断が必要となります。

　しかし、あくまでも利用者からの申告によって病歴が明らかになった場合の医師へのアプローチであって、高齢者の中には過去の病歴や現在の病状を安易に捉えていたり、自己解釈してしまう方も多く見られます。例えば足腰が弱ってきたと感じている人が「運動不足」と思い込み、安易にウォーキングなどの運動を始めた結果、膝関節や腰に負担がかかり、かえって症状が悪化するといった事例も多く見られています。「自分のことは自分がよくわかっている」と思っている人は、医師の判断が必要となる病歴や現病状があったとしても特に問題視せず、「やりたい」という一心で進んでいくと考えられます。ましてや受診が必要になったり、結果として止められてしまう可能性があるのであれば、「言わなければわからない」と隠してプログラムへ参加する方も出ることでしょう。

　このような状況下でも、計画を作成するケアマネジャーやサービスを提供する介護サービス事業者は、何か問題が生じた際に「自己責任」と言い切ることは難しく、「管理責任」が問われるリスクは十分に考えられます。病気に対するリスクが介護が必要な状態像と比例しているわけではなく、かえって元気高齢者の方が周囲も「自立している」という安心感から目が行き届かず、状態像の悪化に気付きづらいとも言えます。そのリスクをカバーするためには、関わる専門職が利用者からの「主観的な情報」だけではなく、「客観的な情報」を得る必要があります。

　時間や手間をかけずに総合事業の認定を受けることができるようになったことは、利用する方にとって「利用のハードルが下がった」と言えますが、受け入れ

る側にとっては「リスクというハードルが上がった」とも言えるのではないでしょうか。

(3) サービスの確保

　総合事業が広まっていくことで介護予防への意識が高まり、サービス利用を希望する元気な高齢者が増えていくことが期待されています。しかし、これまでの章における執筆者と、若干、見解が異なるかもしれませんが、筆者は、介護予防ケアマネジメントや多様なサービスの通所型サービス、訪問型サービスが広く展開していくことについては、事業経営の難しさ等から大きな課題があると考えます。

　また、住民主体のボランティアによるサロン運営等も、今まで地域の中で地道に続けてきた団体等は今後も継続すると思いますが、今までの流れを考えれば、急にボランティアに対する気運が高まり、各地域で積極的に立ち上がっていくとも難しいと考えています。特に人口が多い都市部においては、サービス利用を希望する高齢者のニーズに対して、サービスの受け皿が追い付かないという状況が想定されます。

　例えば、通所型サービスC（短期集中型）については、プログラムを卒業した後はボランティア等につなぎ、地域で活躍することでセルフケアを継続させていくことになりますが、卒業後の受け皿が整っていなければ結果として元の生活に戻ってしまうか、従前相当のサービスにつなぐこととなり、総合事業を利用した意味がなくなってしまう可能性もあります。ケアマネジャーとしても、卒業後の受け皿がなく従前相当のサービスを利用する形になるのであれば、初めから従前相当のサービス利用につなげてしまうことでしょう。

　このような状況を生まないためにも、生活支援体制整備事業などにより早急にサービスの受け皿を確保しなければなりません。サービス事業者や住民組織の主体的な取り組みを待っているだけでは到底間に合うものではなく、行政が積極的に介入し、ある程度の基盤が整うまでは先導していく姿勢が求められます。そして行政、専門職、住民が一体となって取り組んで行った結果が「地域包括ケア」の実現につながっていくと信じたいものです。

(4) 従前相当サービスに偏らないケアプラン

　総合事業に移行するに際し、既に要支援1・2の認定を受け、更新認定を迎える方は、「予防訪問介護」「予防通所介護」を計画に位置付けている利用者が大半

だと思います。そのため、認定更新のタイミングで総合事業対象者に順次移行する場合、多くのケースでは、名目上「従前相当」のサービスに移行するだけで、利用者にとっては全く変化がありません。強いていえば書類上の手間だけが生じ、サービスコードが変わったという程度です。

しかし、これは総合事業移行に伴う経過的な措置であり、この状況が常態化してしまえば、総合事業移行の意味がなくなってしまいます。地域の特性に応じた多様なサービスが広がりをみせていく過程で、更新によって総合事業対象者となった方に対しても、適切なアセスメントに基づいて、ケースによって「従前相当」のサービスではなく、多様なサービスにケアプラン上、変えていくことが求められます。

もちろん、それにはケアマネジャーだけではなく、利用者の意識も変えていかなければなりません。例えば、「従前相当」の通所型サービスを利用している旧要支援1相当の一部の中には、比較的元気な高齢者も多く、「集いの場」としてのサロンの利用が適切な方もいるでしょう。要支援1の認定を受けている高齢者であっても、「老人会」や「グラウンドゴルフ活動」に参加し、「カルチャー教室」に通う方もいます。また、給付のデイサービスでも自己流の体操などで介護予防に取り組んでいる方はたくさんいます。

このような要支援者の一部は、「従前相当サービス」よりも、多様なサービスの利用が適切だと思います。確かに、利用者が容易に納得しないことも考えられ、それに加え事業所は利用者を手放すことに懸念があり、関連事業所のケアマネジャーのモラルハザードもまねきかねません。

いわば総合事業の意義を理解し、専門職としてのプライドをもって適切なサービスに結び付ける意識をもつことが、ケアマネジャーの専門職としての価値を高めることにつながると心得ていきたいものです。

参考文献

・厚生労働省『介護予防・日常生活支援総合事業のガイドライン』2015年6月5日
・介護保険で地域づくり！〜新総合事業が目指すもの〜月刊ケアマネジメント　2015年8月
・厚労省『介護保険最新情報Vol.513』「地域包括支援センターの設置運営についての一部改正について」2016年1月19日
・松戸市『介護予防ケアマネジメントマニュアル』

第7章 総合事業移行後、1年が経過して

1. 質の高いケアマネジメントを実践するために

(1) サービス量を意識するケアマネジャー

　介護予防ケアマネジメントの対象者は、旧二次予防事業対象者から、要支援者まで全てを「事業対象者」として取り扱うことになり、サービスの内容、量ともに幅広く選択できるようになりました。

　これは、より利用者自身の自立に合わせ、過不足なくサービスの利用ができる反面、従来の様に要支援1・2によってサービス量が決められていないため、ケアマネジメントによってサービスの必要性を見極めるスキルがこれまで以上に必要とされます。

　筆者が従事する松戸市では、「介護予防・生活支援サービス事業（総合事業）」の開始後、このサービス量についてケアマネジャーからの質問が多く寄せられました。具体的には「要支援1で通所介護を週1回利用していたが、事業対象者となったので、週2回利用できるか」等の質問がありました。

(2) 総合事業移行に関係なくアセスメントが基本

　それに対して、保険者としては、「アセスメントにて必要性を明らかにした上で、ケアプランに位置付け、自立に向けて利用する」ことが大切であることの返答が基本であると考えます。しかし、これは何も「介護予防・生活支援サービス事業（総合事業）」開始によるものではなく、従前より要支援者に対する通所介護の利用回数は必要性によって決定されるものです。

　しかし、これまでは国の通知（報酬）による目安として、「要支援1＝週1回の利用」と決定していたケースが多くある印象を受けましたが、利用者、ケアマネジャー、サービス事業者、そして保険者も、その慣例に疑問を呈していませんでした。その意味では、アセスメントの重要性が報酬体系によって軽視されていたと言えるかもしれません。

（3）通所サービスによる入浴の「拒否」
　「介護予防・生活支援サービス事業（総合事業）」が開始されたことに伴い、通所介護での入浴を断られた等の相談を利用者等から受けることがありました。これについては、「介護予防・生活支援サービス事業（総合事業）」の開始ではなく報酬改定に伴い、サービス提供回数や提供時間に制限を設けるサービス提供事業者がいたことによるものです。しかし、それまで利用されてきた「入浴」や「提供時間」が、「適切なケアマネジメント」により必要だと判断されたことから決定されたものであったのか、必要だと判断されていたとしても、その必要性を利用者、ケアマネジャー、サービス提供事業者が共通して認識していたのか否かを、再度、確かめる必要があると思います。

（4）総合事業によって制限が緩和された
　このように、従前の「予防給付」では、実態として制限や目安がある中でケアマネジメントが展開されていましたが、総合事業によって裁量権がケアマネジメントに移行されたと認識できます。つまり、地域包括支援センターや委託を受けたケアマネジャーのスキル次第で、サービス量が左右される可能性も否定できません。
　実際、筆者が従事する松戸市では、これらのことが予想できたため、既述の「総合事業実施に伴う介護予防ケアマネジメントマニュアル」の作成へとつながり、作成時には地域包括支援センターの職員とともに、ケアマネジャーがわかりやすく取り組みやすいものを作成するよう心がけ、制度説明や利用の手順だけでなく、面接技術や利用者の意欲の引き出し方、ケアマネジメントの必要性等をコラムに盛り込み自立支援の視点を持ってもらえるように工夫をしました。

（5）本人ができることからのケアマネジメント
　そもそも、「自立支援」に基づくケアマネジメントとは、「出来ない」「していない」ことへの補完的な視点ではなく、高齢者が住み慣れた地域でいきいきと暮らすために、「本人が出来ることは出来る限り自分で行う」といったコンセプトでケアマネジメントを展開していくものです。
　アセスメントにおいては、プロセスを通じて利用者やその家族とコミュニケーションを取りながら、困りごとを整理し、忘れていた強み（ストレングス）に気付き、利用者自身が望む生活へ主体的に取り組めるように働きかけることが大切です。

また、利用者自らが「自立」のために取り組む、具体的な目標を立て、評価（モニタリング）をしていくことになりますが、目標はスモールステップで達成可能なものを利用者と組み立て、成功体験を積み上げていくことが重要であると考えます。

これらは、介護予防ケアマネジメントに限ったことではなく、要介護（要支援）者に対するケアマネジメントについても同様ですが、特に要介護状態が軽く、サービスを利用することで生活機能の改善が見込みやすい要支援者や事業対象者の介護予防ケアマネジメントにおいてはこの視点が大変重要となります。

そして、できる限りサービスの利用終了（＝介護予防ケアマネジメントの終了）を目指して、目標を立てていくことで、利用者自ら主体的に取り組んでもらうことがケアマネジメントの基本となります。

なお、そのプロセスでは、利用者や家族へ充分に説明し、コミュニケーションをとっていくことが必要とされます。そして、ケアマネジメント終了後も、利用者とその家族が「セルフケア」が可能な環境づくり、例えば、地域のボランティア等の情報提供を行っていくことが重要です。

（6）保険者としての課題

保険者の今後の課題としては、利用者とその家族への介護予防に対する啓発が必要だと考えます。ケアマネジャーや総合事業の関係者だけではなく、地域全体に「利用者自身が自立を目指してできることは続けていく」セルフケアの視点を持ってもらうことが大切です。また「地域全体で高齢者を支えていく」という地域全体で介護予防に取り組んでもらうために、多様なサービスの拡充が図れるよう、地域への支援が必要です。

また、ケアマネジャー自身が、利用したことがなかったり、わからなかったりするサービスの場合、利用を敬遠し、使い慣れたサービスを利用してしまう傾向があるため、研修等を通じて、ケアマネジャーへ多様なサービス等の周知をしていくことも課題であると考えます。

そして、大きな課題の1つとして、ケアマネジメントを含めた各サービスの質の確保が挙げられます。保険者としてケアプランの確認や研修会の開催等を検討し、適正な利用と質の確保を図っていくための体制と仕組みづくりをしていかなければなりません。

2. 保険者の総合調整機能の発揮

本書では、行政・地域包括支援センター・居宅介護支援事業所の職員がそれぞれの立場で、記述しております。

改めて、問題・課題のとらえ方に差があり、少なくともこれらの意識の統一を図ることの重要性を痛感しています。

介護保険法の理念（第1条）を実現するために、保険者（地方公共団体）の責務（第5条3項）において包括的に推進し、2025年を見据えて地域包括ケアシステムを構築していく必要があります。その中で、保険者は土台・地域（人）・仕組みの3つの機能を適切に導入→施行→定着へと道筋を示していくべきです。

特に、土台となる意識づくり（規範的統合）は重要で、全てのセクターが同一方向を向き、歩みは異なれども、着実に成長していけるようにしなければなりません。一人一人の思いが、地域や仕組みを変えることができると考えます。

そのためには、悪い成功を繰り返すことなく、良い失敗を繰り返しながら、成長していく必要があり、そして、どんな相手に対しても、①公共性、②公平性、③効率性、④民主性、⑤適法性など明確な立場で総合調整していかなければならないと思っています。

図7-1　土台となる意識づくり（規範的統合）について

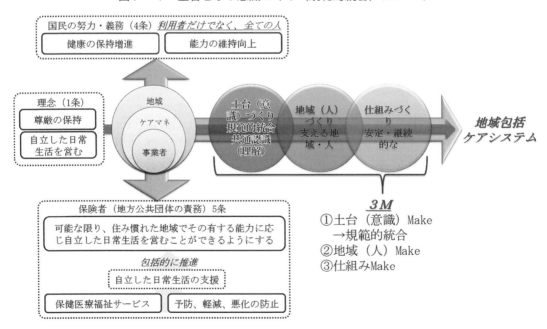

筆者作成による

今後、住民・地域・ケアマネジャー・事業者・関係団体・行政が、自立支援のベクトルを合わせ、そして多様なアプローチができるように、ステークホルダーを乗り越えて、行政が総合調整機能を発揮する必要性を感じております。

参考文献
- 厚生労働省「介護予防・日常生活支援総合事業のガイドライン」
- 松戸市「総合事業実施に伴う介護予防ケアマネジメントマニュアル」
- 厚生労働省　平成18年3月22日　平成18年4月改定関係Q＆A（Vol.1）

コラム

進むべき途〜 Step　by　Step 〜

　第6期介護保険事業計画策定も終盤を迎え、総合事業は猶予の方向で進んでいた最中、平成26年11月10日全国介護保険担当課長会議の資料の中に、「新しい総合事業の上限」がグラフ化、7月から示されている内容に変更はないものの、何？

　また、既に次年度予算の準備は進んでいる中で、報道されている介護報酬改定はマイナス見込みを想定すれば、移行のベストなタイミングは何年度なのかと試算したところ、27年度、29年度、28年度の順になりました。本市での上限額の差は、毎年1億円以上であり、国の対応の遅延を責めようとも、住民や地域等のことを考えれば、様々な早期移行の特例措置を含め再検討せざるを得ないと判断しました。

　これまで大きな障害と考えていたのは、国が示したサービス類型を構築しなければならないという思い込みであり、この3年間で地域包括ケアシステムが構築できる訳もなく、2025年を目指して進めていくものです。これまで、利用者・地域・事業者・関係者・議会に周知していない中で、ここから対応できるか不安もありましたが、猶予はあるものの必須事業であることから、3S（シンプル・スムーズ・スタンダード）を徹底した移行であれば、理解が得られる。まずは、現行相当を移行し、段階的に充実していくことが、セカンド・ベストだと判断しました。

　最初に取り組んだのは、地域の総合相談の窓口である地域包括支援センターの不安の解消です。基本チェックリストを用いた新たな方式であることから、各地域包括支援センター、ケアマネ、事業者を含め、介護予防ケアマネジメントマニュアルづくりに取り組みました。

併せて、今回の制度改正の趣旨である、地域の特性に応じて検討することを踏まえ、事業対象者に有効期間を設定するなど様々な創意工夫を進めながらも、日々調整の連続でした。

　特に、住民への理解を求める際には、今後の高齢化の進展により、このままでは介護を必要とする人が増加し、2025年には全国平均よりも保険料が高額になるなどの予測を提示し、生活圏域ごとに説明を行い、その後も必要に応じて、個別の説明も行ってきました。この中で最も関心を示したのは、現在は負担だけで介護サービスを利用していない高齢者です。この方々から、どのようにしたら負担が軽減できるのか、将来自分たちはサービスを受けられるのかとの質問を多く受けました。

　やはり、今後の需給バランスや受益と負担などの問題を考えれば、従来の全国一律の護送船団方式ではなく、地域の特性を理解し、行政だけでなく地域を構成する全ての方々と問題意識を共有し、考えていく必要性を改めて感じました。

　2025年を目途に地域包括ケアシステムを構築するのですが、時代の変化に適応し、変化し続けていかなければなりません。完成形や同一なものはないのです。

　次に、移行後の対応としては、国が示した類型を含め新たなサービス・支援をどのように構築すべきか。特に、これから利用者が増えることから、質と量をいかに確保すべきかを事業者とともに考えていくことを始めました。既存事業者にとっては、新たなサービスは脅威であり、協力を求めるためには、役割分担が必要であると考え、既存事業者は今後どこに向かうのかを議論してきました。その段階では、訪問看護・訪問介護・通所介護・福祉用具などの事業者の連絡組織が確立されておらず、補正予算で組織化補助金を創設し、議論を収斂できるように進めました。事業者の人材確保が難しい現状の中では、専門職として中・重度者を対応し、質の向上を目指すべきとし、住民には軽度者にどう対応していくべきかをともに考えるようにしてきました。

　やはり、原点に立ち返り、2000年の介護保険法の施行の趣旨から、介護の社会化や自助・互助・共助・公助はどうあるべきか。地域全体で考えていく必要性があることから、広報でこれからの高齢者に必要なサービスは何か募集し、そして意見交換するなど情報を開示し、議論する。そして、将来に対する方向性を少しでも共有することを進めていきました。

　さらに、住民や新たな提供者を公募し設置した「高齢者を支え合う協議体」は定数40名。スタート時は30名で、今後さらなる増員を図りながら進めるとともに、同時に配置した生活支援コーディネーターについては、暫定的に行政職員として、地域全体で考える方向で進め、これら一連の事業展開で、「元気応援キャンペーン」など高齢者を支えてくれる企業・団体を公募しつつ、さらなる機運を盛り上げるために「キックオフ・イベント」なども実施してきました。

　また、地域の環境醸成のほかにサービス・支援については、従来の二次予防事業から転換して国が示した類型とは異なる指定型の通所型短期集中予防、一般介護予防として、実費相当で貸し出してくれるスペースの募集やこれからの住民主体の活動を推

進するためのモデル事業の公募などの一般介護予防事業、高齢者の活躍の場と機会を創出し、人材不足を解消するために訪問型元気応援サービスの生活支援コース（緩和A）と困りごとコース（住民主体B＋移動支援D）をモデル的に実施し、安定・継続的な活動にしていくための検証を行っています。

　さらに、都市部特有の孤独死などの問題もあり、従来の二次予防のための悉皆調査廃止に伴い、65歳の1号被保険者到達時に、地域包括支援センターの案内を同封するとともに、75歳以上の高齢者世帯に対して状況確認のアンケートを実施し、既に地域で活躍している民生委員に協力を得ながら、未回答者の訪問調査を行います。そして、地域のインフォーマル・サービスを含め、地域の方々に高齢者のサービス・支援の情報を提供するために、在宅医療・介護連携推進事業を活用し、マッピング化、医療と介護を一体化するための相談・支援を充実するために、地域包括支援センターごとに対応医療機関を配置し、相談とアウトリーチ体制を確立するなど、地域を動かす契機ともなっていると思われます。

　本市は、来るべき未来に向かい、需要となる高齢者の健康寿命を延伸し、少しでも重度の介護需要を増やさない努力と、単に国が示した類型をつくることは既存の事業者やこれまで地域で活動している住民主体の団体を淘汰させる懸念から、既存の事業者・人材を確保し、より質の向上を目指すとともに、新たな人材を確保することの重要性を地域全体で考えていく。結果として、地域全体で高齢者のみならず、全ての方が安心して暮らし続けられる街を目指すことが重要であると考えています。

　そのためには、従前の制度から考える行政ベクトルから、住民・地域にある活動を積極的に受け入れ、そして協働する地域ベクトルから考えることが、地域包括ケアシステムの構築に向けた道筋であると考えています。

　新たな取り組みは、螺旋的発展の繰り返しであり、時に変化がないように見えますが、一歩一歩着実に階段を登り続けることで未来が拓けてくるのではないでしょうか。

終章 総合事業と介護予防ケアマネジメントの可能性と課題

1. 総合事業の意義

　結局、総合事業に移行すると、「ケアマネジメント」は何が変わるのでしょうか。

　介護予防ケアマネジメント（第1号介護予防支援事業）は総合事業の中の一つの事業ですが、一方で「ケアマネジメント」においては総合事業のサービスも選択されるサービスの一つに過ぎません。介護予防訪問介護や介護予防通所介護が給付であろうと事業であろうと、アセスメントに基づいて適切なサービスを組むことに何ら変わりはありません。

　また、総合事業で新たなサービスがつくられていったとしても、これまでも給付以外のサービスを検討していなかったわけではありません。配食サービスやシルバー人材センター、近隣の見守りなど、地域包括支援センターは日頃から把握している地域資源も活用しながら利用者を支援してきました。その意味では、選択肢が増える程度のこととも言えます。

　しかしながら、私が出会う地域包括支援センターの皆さん、あるいは委託を受けるケアマネジャーは総じて不安そうです。おそらく総合事業が腑に落ちていないのだと思います。

　総合事業とは、その正式名称が「介護予防・日常生活支援総合事業」であるように、地域包括ケアシステムの5つの要素（「介護」「医療」「住まい」「介護予防」「生活支援」）のうち、「介護予防」と「生活支援」を対象にした事業です。いまだに「要支援切り」という言葉が頭から離れず、「必要なサービスが受けられなくなる」と不安を感じている方がいらっしゃいますが、それは要支援の給付、つまり「介護」の要素しか見ていないのです。まずは、これまで思うように広がらなかった「介護予防」と「生活支援」について、取り組みを強化する必要があったのだということを思い出していただく必要があります。

　私たちの国は既に人口が減り始めており、後期高齢者数が急増する一方、少子化により労働力人口は減少し続けています。したがって、後期高齢者の急増に伴い、要支援・要介護者も急増しますが、「介護」人材の確保はますます難しくなっていくと考えられます。支えられる人を分子、支える人を分母に置いて、「騎馬

戦型」から「肩車型」の社会になると説明されることもありますが、肩車、つまり一人が一人を支えなくてはならない社会が本当に来たら、私たちの生活はどうなるのでしょうか。少しでも対策できることはないのでしょうか。

考えてみれば、私たちにできる対策は2つです。一つは分子になる人をできるだけ減らすこと、もう一つは分母になる人をできるだけ増やすことです。つまり、分子では効果的な「介護予防」により支えられる人をできる限り減らし、分母では「生活支援」の担い手を増やし、さらには支えられる人（分子）には支える人（分母）に移っていただくということです。

しかし、「介護予防」はほとんど効果が見られないとさえ言われ、「生活支援」も担い手とされた自治会や老人クラブ、NPO、ボランティアが増えているとは到底思えません。何もしなければ、2025年度までの地域包括ケアシステムの構築という目標も、達成は難しいのではないでしょうか。

「介護予防」も「生活支援」も、いわゆる「自助」や「互助」で行われるものです。しかし、それらは自らが助けること、お互いに助け合うことである以上、なかなか行政から働きかけることは難しく、地域包括ケアシステムの構築の要素に入れ、その充実を目指しつつも具体的な策を打てませんでした。そこで、介護保険制度の地域支援事業として、総合事業や生活支援体制整備事業が実施されることになったのです。したがって、「共助（保険制度）」である「介護」を切って小さくするというより、「自助」「互助」がベースとなる「介護予防」「生活支援」について「介護」の一部を取り込みつつ、その財源を活用して強力に広げていこうとしていると理解していただきたいのです。

2. 自助・互助から検討する

そのように理解すると、介護予防ケアマネジメントを行うにあたっては、総合事業の趣旨に沿って「自助」「互助」を活かすように心がけることになります。それは、まず本人の力を可能な限り引き出すということ、単に支えられる人と捉えるのではなく、支える人としての力を見出すということ、すなわち自立支援を目指してケアマネジメントを行うということでもあります。

とはいえ、そもそも介護保険制度は自立支援を基本的な理念としていて、その意味では「自助」あるいは「互助」でできないことを「共助（介護保険）」で補う制度と言っても良いと思います。改めて介護保険法の記載に立ち戻れば、第1条では、要介護者が「尊厳を保持し、その有する能力に応じ自立した日常生活を

営むことができるよう」必要な保険給付を行うと定められ、第2条第2項では、保険給付は「要介護状態等の軽減または悪化の防止に資するよう行われなければならない」と定められています。また、保険給付は、第2条第3項により「被保険者の選択に基づき」行われるものですが、「適切な保健医療サービス及び福祉サービスが、多様な事業者又は施設から、総合的かつ効率的に提供されるよう配慮して行われなければならない」のです。

また、第4条では「国民は、自ら要介護状態となることを予防するため、加齢に伴って生ずる心身の変化を自覚して常に健康の保持増進に努めるとともに、要介護状態となった場合においても、進んでリハビリテーションその他の適切な保健医療サービス及び福祉サービスを利用することにより、その有する能力の維持向上に努めるものとする。」と自助について定めています。

しかし、現実はそのようになっているでしょうか。掃除や買い物、デイサービスといった介護サービスは、その特性として便利で快適なサービスであるため、仮に自立を損なうことにつながるとしても必要以上のサービスが提供されやすいと言われます。そのためか、残念ながら「自助」「互助」からではなく、むしろ「共助」である介護予防給付を利用して困り事を解決することからまず検討し、地域の支え合いなどを活用することはもちろんありますが、それは補助的に活用する形で組まれてきたのではないでしょうか。もし、そうだとすれば「自立支援」が軽視され、「総合的」にサービスは検討されておらず、「効率的」に提供されていない、法に反するケアプランだったかもしれません。

あるいは利用者や家族の中には、自らの努力や義務はさておき、区分支給限度額の範囲内であればいくらでもサービスが利用できると考える人はいませんでしたでしょうか。

さらに言えば、市町村や地域包括支援センターの窓口の実態として、相談を受けたらまず認定申請を勧めるといったことがあり、窓口の負担が軽減されているとしても、そのことにより「自助」「互助」を飛び越えて「共助」の利用を促すことになっていた場合もあるのではないでしょうか。

総合事業によって、市町村も包括も事業者も住民も少なからず混乱していますが、それは介護保険制度のそもそものあり方、私たちが介護保険制度をどのように活用すれば将来の不安を軽減できるのかを改めて検討させる契機になっているからかもしれません。もしそうであるなら、私はそれは通るべき道ではないかとも思います。

3. 総合事業のサービスの活用

　さて、それでは介護予防ケアマネジメントにおいて、総合事業のサービスはどのように用意され、活用されるべきなのでしょうか。あるいは「自助」「互助」から検討するとはどういうことなのでしょうか、典型的な例で少し考えてみましょう。

　まず、総合事業の対象者は要支援者、事業対象者ですから、基本的にはADLはほぼ自立、IADLで支援が必要な部分があるという状態像です。つまり、自分でできることはまだまだ多いですし、厚労省のモデル事業で確認されているように、適切な事業に参加することで改善し元気になれる余地がある方は少なくありません。

　そこで、必要とされるサービスの例が保健・医療の専門職による短期集中のサービス、いわゆる訪問型サービスC、通所型サービスCです。3か月から6か月の間で、専門職による生活環境も含めたアセスメント訪問等に基づいて、心身機能だけでなく生活行為の改善を目的とした効果的なプログラムを実施します。その際には、一方で生活環境の改善も図り、外出や浴槽のまたぎに支障があるのであれば、踏み台や手すりの設置等を同時に検討しますし、掃除機が重いのであれば、軽い掃除道具を検討します。

　また、そこでは対象者がしたいこと、できるようになりたいことを確認して目標設定し、それを実現するために支援が行われます。それは対象者自身が自らの生活機能の低下等に自覚を持ち、サービス終了後も視野に入れ、意欲的に自ら介護予防に取り組めるように支援することが重要だからです。

　なお、サービス終了後は、本人の希望に応じた余暇やボランティア活動、地域の通いの場等の社会参加による自立した生活の維持を図ります。もし、地域にそのような場や機会が少ないのであれば、生活支援コーディネーターに伝えて、つくり出してもらうことになるでしょう。その際には通所型サービスBや一般介護予防事業の地域介護予防活動支援事業による補助も活用されます。

　また、サービス終了後も、何かしらの生活支援の継続が必要な対象者は少なくないでしょう。一人暮らしで見守りが必要かもしれませんし、掃除は工夫して行えるようになってもゴミ捨ては難しいかもしれません。もし、地域にそのような支援活動が少ないのであれば、これも生活支援コーディネーターに伝えて、地域の多様な主体に呼びかけて支援活動の担い手を見つけていきます。その際には、訪問型サービスBによる助け合い活動への補助が活用されることもあるでしょ

う。
　介護予防ケアマネジメントを担う地域包括支援センターには、このような地域づくりを進めるために市町村や生活支援コーディネーター、協議体、さらには高齢者の生活を支える多様な担い手と連携していくことになります。
　介護予防ケアマネジメントを行う者が「自助」「互助」から考えていくと、このような発想になるのではないかと思います。それぞれの対象者にとって、本人の能力を最大限引き出しつつ、地域に必要なサービスや支援は何かから考えますから、このようになるのです。一方、「共助」から考えると、介護予防訪問介護のみか介護予防通所介護も利用するか、週1回にするか週2回にするか、従前相当のサービスにするか新たに始まった訪問型サービスAにするかといった発想になるのではないでしょうか。

4．介護予防ケアマネジメントを元にサービスをつくる

　こう考えると、介護予防ケアマネジメントを元にサービスをつくっていかないと、ニーズに合わないサービスをつくることにもなりかねないと思えます。「自助」や「互助」から考えていくと、これまで介護予防給付で実施されてきたサービスはずっと細かく分類されることになりそうです。例えば、調理について、できるだけ自分でやれるようにと支援していくと、その人その人によってできること、できないことを確認し、できない場合でも皮むき器などの道具の活用等の工夫も最大限していきますから、少なくとも全てをヘルパーが担うケースは少なくなりそうです。細分化した多様なニーズに応じる多様な支援が必要で、その担い手として地域の様々な主体の力を借りることになるでしょう。
　このように地域づくりが進んでいくと、総合事業の人材確保策としての効果も表れてきます。今後の介護サービス事業所のサービス（従前相当、訪問型サービスA、通所型サービスA）についてどのように考えるかということですが、最初に確認したように後期高齢者が急増していく一方で労働力人口が減少していきますので、介護サービス事業者の仕事は基本的に増える一方で人材の確保は大変厳しい状況で、少子化対策が成果をあげない限り今後も人口構造上は改善することはありません。したがって、介護サービス事業所の一部には総合事業により「仕事が奪われる」という認識があるようですが、人材が確保できなければ依頼の全てを受けることはできなくなりますから、むしろ「仕事を受けきれなくなる」と考えられます。そして、もし事業所が事業の体制を再構築するとしたら、その時

にまず撤退が検討されるのは要支援者に対するサービスではないでしょうか。社会的に要請があり、報酬も期待できる中・重度者への対応、身体介護を優先せざるを得ないからです。しかし、その時に地域が事業者の撤退を受け入れられる状況になければ、地域はそれこそ大変です。市町村や地域包括支援センターには、ぜひ少し先の未来を見据えて、できる限り「自助」「互助」から、住民主体のサービスを広げることをベースに介護予防ケアマネジメントを実施していただきたいと思います。介護サービス事業所のサービスが必要な対象者ももちろんいらっしゃいますが、全体の中での役割分担を見定めていただくことも必要になるでしょう。それは介護サービス事業所でなければならない事業に集中しやすくなるためにやるべきことと表現してもよいと思います。

5. 介護予防ケアマネジメントと地域ケア会議

最後に、介護予防ケアマネジメントを担う方々への支援としての地域ケア会議の意義について触れておきたいと思います。

このように介護予防ケアマネジメントのあり方を考えてくると、ケアプラン原案の作成者には専門的な見地に基づいて維持改善の見通しを立て、地域の様々な資源を活用していくための幅広い知識と経験が求められることになります。個人の力に頼るには限界があり、そのためにもサービス担当者会議という仕組みはありますが、会議に招集されるメンバーは原案作成者が原案に組み込んだサービスに依るわけですからそれだけではうまくいかない場合があると考えられます。そこで、プランについて多職種のアドバイスが求められるような仕組みとしても、地域ケア会議が活用されるようになりました。

地域ケア会議については、これまで地域によって様々な内容で開催されてきました。困難ケースについて議論する場であったり、地域の課題を住民の方々も含めて年に数回、議論する場であったり、地域の課題を解決するための政策を検討する場であったり、地域ケア会議には様々な目的があって、地域の実情に合わせて目的に応じたいろいろなやり方で進められてきたからです。

しかし、今回の改正で地域ケア会議は法定化され、包括的支援事業の充実分として地域ケア会議推進事業が位置付けられました。地域支援事業実施要綱において、地域ケア会議は個別ケースを通じて実施する地域ケア個別会議と、そこで把握された地域課題から政策形成につなげる地域ケア推進会議に大きく分類され、特に地域ケア個別会議は、全てのケアマネジャーが少なくとも1年に1回はケア

マネジメント支援を受けることが例示されています。

　地域ケア会議推進事業において、地域ケア個別会議は、埼玉県和光市や大分県等ケアプランを頻回に検討する方式を参考にしています。すなわち、本人の自立支援を目指して多職種でケアプランを検討し、ケアマネジャーにアドバイスする形で行われていて、そのことがケアマネジャーに対するOJTになっています。また、基本的に要支援1・2のいわゆる予防プランの検討が中心で、各ケアマネジャーが年に数回のアドバイスが受けられるよう、毎週ないし隔週のペースで開催されています。そこで、地域ケア会議推進事業には、1包括当たり年間127万2,000円、月に10万円程度の会議費が標準額として設定されました。

　総合事業を効果的に実施するため、地域ケア個別会議による介護予防ケアマネジメント支援は重要な役割を果たすと思います。しかしながら現時点では、各市町村において地域ケア会議の実施方法についての再検討はあまり進んでいないようです。厚労省は今後、強化事業を進めていきますが、市町村や地域包括支援センターには、総合事業の実施と並行して地域ケア会議についても検討していただきたいと思います。

6. その他の課題

　ここまで、介護予防ケアマネジメントを実践する立場から総合事業をどのように理解し、活用すべきかをまとめてきました。一般介護予防事業や生活支援体制整備事業についてはあまり触れることができませんでしたが、介護予防ケアマネジメントは要支援者や事業対象者のために行う業務であることを考えれば、一般介護予防事業によって効果的な介護予防事業が実施され、認定申請が減ることは、地域包括支援センターの業務量削減にもつながります。もちろん、地域介護予防活動支援事業による通いの場は、ケアプランの中で大いに活用されることになりますから、市町村の事業の進捗について、ぜひ関心を持っていただきたいと思います。また、生活支援体制整備事業については、まさに介護予防ケアマネジメントで活用するサービスや支援を開発する仕組みで、今後、生活支援コーディネーターとの連携、調整は欠かせないものになります。

　総合事業のみならず、今回の改正によって介護保険制度、特に地域支援事業は大変充実しました。改正の趣旨を積極的に捉えて各事業や、それによって生み出されるサービス・支援を使いこなしていただければ、制度構築に関わったものとして嬉しいことはありません。応援しています。

あとがき

　先日、総合事業が実施されて1年弱が経過した自治体を視察し、ある訪問介護サービス事業所を訪ねました。非常に熱心な訪問介護事業所で、「従前相当サービス」はもちろん、「訪問型A」「訪問型B」といったように3つの事業を展開していました。

　筆者が、新制度移行後、新規で「従前相当サービス」を利用している方のうち、サービス提供責任者からみて、本来は「訪問型A」もしくは「訪問型B」の利用で充分なケースはありますかと尋ねました。その結果、3名程度は「従前相当サービス」を利用せずとも、「訪問型A」で事足りるという答えでした。

　しかし、地域包括支援センター及び委託ケアマネジャーと利用者で話し合い、サービス担当者会議の段階では、「従前相当サービス」で固まったサービス方針が打ち出されていたので、そのように理解したとサービス提供責任者の声でした。

　また、別の自治体では、「訪問型A」を担うセミプロヘルパー（短期間の講習を受けたヘルパー）に、直に話を聞いたのですが、一回の講習会は約60名近くの参加者がいたそうです。しかし、実際、訪問介護の仕事に週1回以上でも従事しているセミプロヘルパーは、5人前後だというのです。実際、働こうと思っても機会（仕事）がなく、そもそも講習会に参加した動機が、「介護の知識」を得るためと、あまり従事する気持ちが薄い市民が少なくなかったというのです。

　限られた現場のヒヤリング調査でしたが、いくら総合事業において多様なサービスを創設しても、利用する人がいなければ、徐々にサービスが先細りになると感じました。せっかくセミプロヘルパーを生み出しても、働く機会がなければ、結果的に無駄な人材養成事業となってしまうかもしれません。

　その意味では、適切な介護予防ケアマネジメントの浸透が、総合事業の命運を握っているといっても過言ではないでしょう。いくら多様なサービスを生み出し、そこに従事する人達を増やしても、利用する人がいなければ全く意味がありません。

　松戸市では、地域包括支援センター職員、介護支援専門員（ケアマネジャー）、市役所職員らと協同して研究会を開催し、適切な介護予防ケアマネジメントの浸透・定着のための指針の策定作業にとりかかってきました。

　しかし、制度移行後に新たな課題が発生し、課題を分析しながら長期的に対応していかなければならず、適切な介護予防ケアマネジメントの方向性を完全に確定できていません。むしろ、今後、さらに明らかとなっていく課題を分析しなが

ら、介護予防ケアマネジメントを模索していく必要があると考えます。

　本書では、その途中経過を一定程度まとめました。さらなる適切な介護予防ケアマネジメントの構築の何らかのきっかけになればと考えます。

　平成29年４月からは、経過措置も終わり全国全ての自治体で総合事業が実施されるでしょう。その意味では、常に探究心と問題解決の強い意志を、保険者（市町村）及び地域包括支援センターなどの関連機関が持ち続けることが、適切な介護予防ケアマネジメントの構築につながると考えます。

　平成28年８月

執筆者を代表して
結城康博

〈監修者紹介〉

結城　康博

- 1969年生まれ。淑徳大学社会福祉学部卒業。法政大学大学院修了（経済学修士、政治学博士）。1994〜2006年、東京都北区、新宿区に勤務。この間、介護職、ケアマネジャー、地域包括支援センター職員として介護係の仕事に従事。2007年より淑徳大学総合福祉学部准教授（社会保障論、社会福祉学）。2013年4月より同大学教授。元社会保障審議会介護保険部会委員。
『在宅介護──「自分で選ぶ」視点から』岩波新書、『日本の介護システム─政策決定過程と現場ニーズの分析』、『孤独死のリアル』講談社新書、他著書多数。本書では「序章」「あとがき」を執筆。

服部　真治

- 1974年生まれ。1996年東京都八王子市入庁。2005年より健康福祉部介護サービス課。その後、介護保険課主査、財政課主査、高齢者支援課課長補佐、高齢者いきいき課課長補佐を経て、2014年厚生労働省老健局総務課・介護保険計画課・振興課併任課長補佐。老健局では、新しい総合事業の制度構築等を担当。2016年より一般財団法人医療経済研究・社会保険福祉協会医療経済研究機構研究部研究員兼研究総務部次長。
著書に「私たちが描く新地域支援事業の姿─地域で助け合いを広める鍵と方策」（共編著・中央法規・2016）等
本書では「まえがき」「終章」を執筆。

〈執筆者一覧〉

[序　章]

結城　康博（前　掲）

[第1章]

中沢　豊（Generalist）

- 松戸市入職後、総務・人事・情報システム・企画・財政を経て、民生・福祉・衛生系の計画策定を行い、介護制度改正を担当。現在、福祉長寿部介護制度改革課長。

長谷川明美（看護師及び介護支援専門員）

- 松戸市役所に入職後、2003年度より6年間、直営地域包括支援センターを含む介護予防関係部署に勤務し、委託地域包括支援センターを支援。また、二次予防事業創設、権利擁護事業（高齢者虐待防止ネットワーク）等に従事。現在、健康福祉政策課にて感染症対策、保健福祉分野の計画策定に従事。

第2章

高橋　知子（保健師）
- 松戸市役所に入職後、母子から高齢者までの健康づくり部門や介護予防、病院にて生活習慣病外来や産業保健、国民健康保険の特定保健指導等に関わり、2015年より介護制度改革課にて総合事業業務に従事。

守田加寿子（保健師）
- 松戸市役所に入職後、健康推進課、子ども家庭相談課等に勤務。2014年より高齢者支援課にて介護予防などの業務に従事。

吉田　順子（保健師）
- 松戸市役所に入職後、健康推進課、子ども家庭相談課等に勤務。2015年より高齢者支援課にて介護予防などの業務に従事。

第3章

小林　明美（介護福祉士及び介護支援専門員）
- 訪問介護、通所介護にて介護士・生活相談員を経て、現在、地域包括支援センターの介護予防支援事業所にて介護支援専門員として勤務。

菱沼美恵子（社会福祉士及び主任介護支援専門員）
- 居宅介護支援事業所の介護支援専門員、在宅介護支援センター相談員を経て、現在、地域包括支援センターの主任介護支援専門員として勤務。

廣谷　明子（社会福祉士及び主任介護支援専門員）
- 介護支援専門員、在宅介護支援センター職員を経て2007年度より地域包括支援センターに勤務。

福岡　真澄（介護福祉士及び介護支援専門員）
- 特別養護老人ホームの介護職員、ショートステイ生活相談員を経て、現在、地域包括支援センターの介護予防支援事業所にて介護支援専門員として勤務。

第4章

谷川真理子（社会福祉士及び介護支援専門員）
- 介護支援専門員、2011年度より地域包括支援センター指定介護予防支援事業所に勤務。

前田　貴子（看護師及び主任介護支援専門員）
- 病院の看護師、居宅介護支援事業所で介護支援専門員の経験を経て、現在、センター長・主任介護支援専門員として松戸市小金地域包括支援センターに勤務。

丸山康一郎（社会福祉士）
- 訪問介護事業所、通所介護事業所勤務を経て、現在、松戸市内の地域包括支援センターに勤務。

第5章

塚田　智尋（事務職）
- 松戸市役所に入職後、介護保険課に勤務。2015年より介護制度改革課にて総合事業等の業務に従事。

中川　瞬（事務職）
- 松戸市役所に入職後、高齢者支援課に勤務。2015年より介護制度改革課にて総合事業等の業務に従事。

第6章

原田　信子（看護師及び主任介護支援専門員）
- 看護師として通算33年病院勤務後、2011年（株）アース　ケアマネサボテンを立ち上げ、取締役営業統括部長兼サービス付高齢者住宅施設長として勤務。

藤井　智信（介護福祉士及び主任介護支援専門員）
- 特別養護老人ホーム介護士、在宅・施設サービスの生活相談員、施設ケアマネジャー、居宅ケアマネジャーを経て、現在主任介護支援専門員として地域包括支援センターに勤務。2011年度から松戸市介護支援専門員協議会事務局長を務める。

第7章

田中千鶴子（社会福祉士及び介護支援専門員）
- 松戸市役所に入職後、障害福祉課に勤務。2014年より介護保険課にて介護給付の適正化に関する事業などに従事。

中沢　豊（前　掲）

終章

服部　真治（前　掲）

入門 介護予防ケアマネジメント
～新しい総合事業対応版～

平成28年10月1日　第1刷発行
令和3年9月1日　第5刷発行

監　　修	結城　康博・服部　真治
編　　著	総合事業・介護予防ケアマネジメント研究会
発　　行	株式会社ぎょうせい

〒136-8575　東京都江東区新木場1-18-11
URL：https://gyosei.jp

フリーコール　0120-953-431

ぎょうせい　お問い合わせ　検索　https://gyosei.jp/inquiry/

〈検印省略〉

※乱丁、落丁本はお取り替えいたします。　　印刷　ぎょうせいデジタル㈱
©2016 Printed in Japan
ISBN 978-4-324-10200-8
(5108280-00-000)
［略号：介護予防ケア］